森と木と建築の日本史

海野 聡
Satoshi Unno

岩波新書
1926

目次

序章　日本の森林と木の文化

木が作りあげた文化

日本人は木とともに文化を作りあげてきた。日本列島の山々は木々に覆われ、緑にあふれた風景が広がっているが、これらの森林のめぐみを享受することで、木の文化ははぐまれてきたといっても過言ではない。世界最古の木造建築である法隆寺金堂《こんどう》をはじめ、前近代の建物のほとんどが木で造られてきたことはその証しのひとつといえる。また、木とともに歩んだ長い歴史のなかで、身近な生活道具から美術工芸品に至るまで、木を扱う深い知識と高い技術を蓄積してきており、世界に誇るべき日本の文化である。

いっぽうで現代の日本、とくに都市部では鉄やコンクリートのビルやマンションが林立し、人びとは屋外を見るにもガラスの窓越し、室内を見わたしてもプラスチック製品に囲まれ、化学繊維の衣服を身にまとっている。日常生活と森や木との距離が離れているため、森林のめぐみを実感しにくいかもしれない。とはいえ、春にはサクラ、秋にはモミジと、木々の告げる季節の移ろいは私たちの感性に息づいている。言葉をみても、ちぐはぐな状態を「木に竹を接《つ》ぐ」と表現したり、ハレの舞台を「檜舞台」といったりする。このように木々は今なお生活のなかに溶け込んでおり、単なる物質的な存在意義を超越して、日本の文化に深く根付いているのである。

日本では木々に限らず、そこに生きる動植物、落葉、山菜に至るまで、森林のめぐみを享受してきた。さらに保水・防風・気象緩和機能など、森林は人間に適した環境を構築する一翼を担っており、目にみえない恩恵は計り知れない。陰に日向に、森や木は生活に密着した存在であり続けているのである。

もちろん洋の東西を問わず、人類が森林のめぐみを享受してきたことは間違いない。「木の文化」の東洋に対して、「石の文化」の西洋と対比的に語られることも少なくないが、実は西洋においても木材は各所で用いられている(ヨアヒム・ラートカウ『木材と文明』)。奇しくも二〇一九年四月の火災によって、パリのノートルダム大聖堂の屋根が木造であったことが広く知られるようになったが、軽くて丈夫で、さらに加工しやすい木材は建材として重宝されたのである。これは特殊な事例ではなく、北欧、東欧、スペイン・フランス境のバスク地方など、ヨーロッパ各地に伝統的な木造軸組構法の建築物が現代にも数多く受け継がれている。なかにはバスク地方の一部の木造教会のように、木を用いながらも石造のようにみせた建築も点在している(図0-1)。そこでは石の目まで精巧に描いて柱を大理石にみせたり、石の継ぎ目を表現して石造の尖塔アーチのようにみせたりしており、その技法や熱意は驚愕に値する。木目の美しさや温もりなどを活かす日本では思いもよらない独特の嗜好性を示しており、興味深い。

図0-1　石造アーチを模した木造の架構(バスク地方, San Andres eliza 教会)

また建築に限らず、酒樽や家具などの生活用具をはじめ、大航海時代に大海原を駆けた帆船も木造であったし、西洋絵画にも祭壇画や宗教画の板絵はもちろん、布地のキャンバス画にも木製の額縁が用いられている。この額縁づくりにも工夫が凝らされ、荘厳なバロック調のルイ一四世様式、そして貝殻や宝石をモチーフとしたロココ調のルイ一五世様式、革命後の直線的なアンピール様式など、額縁も多彩な文化を紡ぎあげ、絵画とともに継承されている。楽器をみても、一七〜一八世紀に作られたストラディバリウスのバイオリンは改造や補修を経ながら大切に継承されており、その音色は今も世界中の人びとを魅了している。このように西洋においても木は身近な材料で、豊かな文化を築きあげ、継承してきたのである。

さて西洋の木の文化に話がそれたが、これと比べても、東洋、とりわけ日本の木とともに歩んできた歴史は重厚である。

日本建築を例にとると、柱・梁などの構造材は当然として、扉や板壁などの柱間装置、そして檜皮葺《ひわだぶき》や板葺のように屋根の葺材にまで、植物性の材料が使われる。とくに住宅では建具でも紙を張った明障子《あかりしょうじ》を用いることが多く、日本の伝統建築は木と紙でできていると揶揄されることさえある。さらに茶室や数寄屋《すきや》では、木の樹種や木目はもちろん、節の位置にまでこだわって材の選択に心を配っている(第四章参照)。船・家具などの大型の木製品、農耕具・桶・箸などの道具にも木材の使用はみられるが、まさに日本の伝統建築は木の文化の象徴的存在といえよう。

巨木信仰

木は物質的な利用対象であっただけではなく、精神的な求心性を帯びていた。とくに巨木に対する自然信仰は文化、そして建築に大きな影響をあたえている。世界を見わたすと、木に対する信仰といえば「世界樹」が代表であり、ヨーロッパ・インドをはじめ、各地に神話・民話が伝わっている。たとえば北欧神話には世界を体現するユグドラシルが登場し、その枝が天高くそびえ立ち、世界の軸であり支柱であるとされる。またマヤ文明では、世界樹が地下世界・地上世界・天界を結ぶ世界軸となっているとする。

世界樹以外でも、宗教と結びついた木への信仰がみえる。『旧約聖書』創世記に登場する「生命の樹」はエデンの園の中央に植えられ、その実を食すと永遠の命を得るとされる。仏教では釈迦が生まれた無憂樹《むゆうじゅ》、悟りを開いた印度菩提樹《いんどぼだいじゅ》、入滅した沙羅双樹《さらそうじゅ》が三大聖樹とされ、珍重されている。

これらの世界各地、諸宗教における木への信仰はそれぞれの由緒にもとづいたもので、実在する特定の、あるいは固有の樹木に対する信仰とは異なる。これに対し、日本では特定の木を信仰の対象とすることも多く、自然信仰との関係も深い。日本の古代信仰では祖霊神のほかに、大神《おおみわ》神社(奈良県桜井市)の御神体が三輪山《みわやま》であるように、自然物を神格化することもある。山・川・巨石をはじめ、動物・植物、さらには雨・風・雷などの自然現象までもがその対象であり、木もそこに含まれる。木には依り代《よりしろ》として霊が宿り、木自体も神聖性を帯びるとされる。とくに巨木に神々しさや超越的な生命力を感じ取ったのであろう。『類聚国史《るいじゅこくし》』には、天長四年(八二七)に東寺建造のために「稲荷社乃樹」を伐って祟《たた》りが起こったと記される。また『本朝月令《ほんちょうがつりょう》』には、承和一四年(八四七)に松尾神が来遊する槻木《つきのき》を伐って太鼓を作ったところ、松尾社の祟りがあったといい、これらの例は木と神の深い関係の一端を示している。現代の信仰でも、神社の御神木という形で、われわれも目にしている。

御神木に限らず、樹木に対する畏敬の念は神の数え方にも表れており、「一柱《ひとはしら》」「二柱《ふたはしら》」と柱を助数詞とする。この数え方は『古事記』にもみえ、古くからの信仰がうかがえる。巨木とおなじく、柱は神の宿る依り代であり、とりわけ重要な意味を持っていたのである。

柱の神秘性が顕著に表れているのが、伊勢神宮である。一般にはみることはできないが、正殿の中心には心御柱《しんのみはしら》という、シンボルとなる最重要の柱が立っている。伊勢神宮では二〇年に一度、隣に敷地を移して社殿を建て替える式年遷宮《しきねんせんぐう》がおこなわれる。この時、古い社殿はすべて解体されて各地に下賜されるが、古殿地には心御柱を守るための覆屋《おおいや》が掛けられ、次回の遷宮まで引き継がれる。ここに人びとの木に込めた強い精神性が表れているのである。

おなじく、出雲大社（島根県出雲市）でも木に対する信仰が秘められている。出雲大社本殿は大社造《たいしゃづくり》という古式な神社本殿の形を伝えているといわれ、現在の本殿（延享元年〈一七四四〉）も八丈（約二四m）という破格の高さである。さらに、本居宣長の記した『玉勝間《たまかつま》』巻一三（文化九年〈一八一二〉）によると、中古は一六丈（約四八m）、上古にはより大きな三二丈（約九六m）ともいわれる高さであったという。

平安時代、貴族の子弟のために初歩的な知識をまとめた『口遊《くちずさみ》』という書物には、「雲太、和二、京三」とある。これは当時の巨大建築を一位から順に並べたもので、出雲大社はその筆頭に挙げられており（二位は大和の東大寺大仏殿、三位は京の大極殿）、古代よりその巨大さは知られていた。

また、出雲大社の創建説話である国譲りにも、社殿に太い木材を求める様子がみられる。この国譲りには、天照大御神によって高天原《たかまがはら》から派遣された建御雷神《たけみかずちのかみ》が、大国主神の治める出雲の地を譲るよう要求した経緯が記されている。大国主神は二人の子、事代主神《ことしろぬしのかみ》と建御名方神《たけみなかたのかみ》が従うのであれば、国を譲るとしたが、納得のいかない建御名方神は建御雷神との力比べを挑むも、諏訪湖まで追い詰められ、降参する。これにより、出雲の国譲りはなされるのであるが、代わりに大国主神は太い柱を地中から立て、高天原に届かんばかりの千木《ちぎ》を備えた壮麗な社殿を求めた。出雲大社本殿の太い柱への志向はその体現ともいえる。

現在の出雲大社本殿は梁間二間、桁行二間で、計九本の柱が立つが、妻側、すなわち正背面の中央にある柱は棟木を直接支えており、これを宇豆柱《うずばしら》という。いっぽうで、二本の宇豆柱の間にある柱は建物の中心にあるが、これは棟木まで届いておらず、途中で止まって野梁《のばり》（天井の上の通常みえない梁）を支えている（図0-2）。この中心に立つ柱が心御柱で、この柱は桁を支える両側面（平側）の六本の柱や二本の宇豆柱に比べてひとまわり太く、構造的な合理性を超えた柱の象徴性が強く表れている。

さて中世以前の出雲大社については、「金輪御造営差図《かなわごぞうえいさしず》」（鎌倉〜室町時代）から一端が知られ

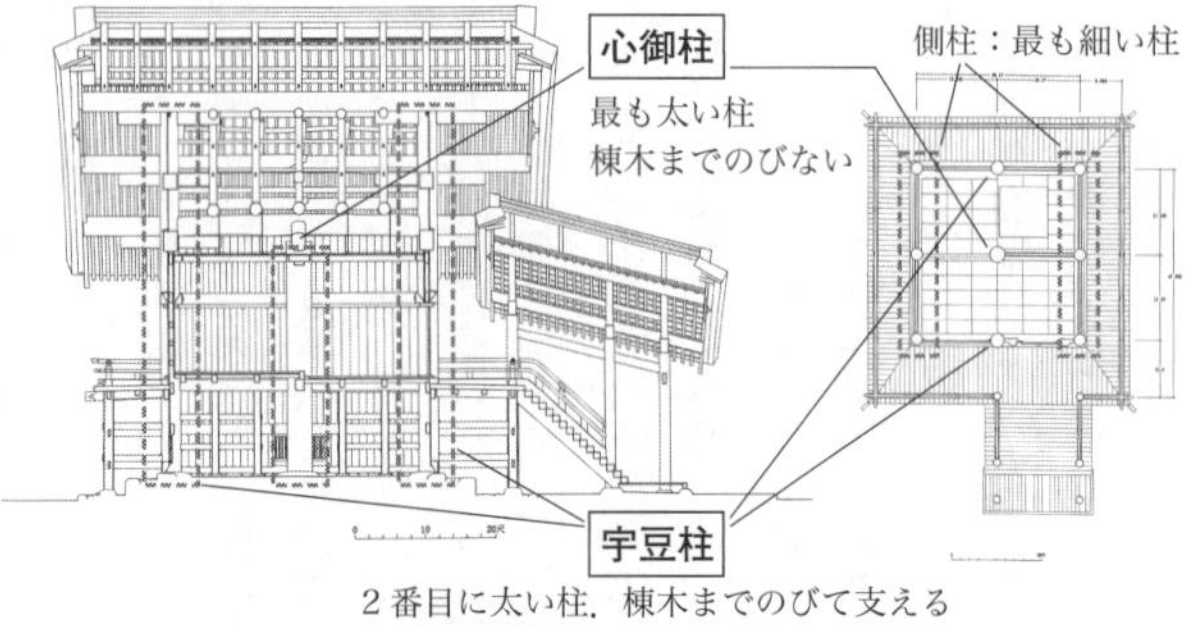

図 0-2　出雲大社本殿の中央に立つ心御柱

図 0-3　出雲大社で出土した巨大な柱根

る。この絵図は、出雲大社で宮司を代々務める千家《せんげ》国造《こくぞう》家に伝わるもので、中世の社殿を描いたものとみられ、ここでは三本の柱をセットとして、ひとつの柱としている。径の大きな柱を確保することは難しかったのであろう。

この三本セットの柱は現存建築には確認できず、古図の通りであったとは信じ難いものであったが、発掘調査により、実際に三本が束ねられた巨大な柱根が発見された（図0-3）。まさに「金輪御造営差図」の描写のような姿が白日のもとに現れたのである。出土したこの心御柱は炭素同位体比（C14）による年代測定により、一二一五～一二四〇年に伐採されたもので、宝治二年（一二四八）の遷宮で建てられた本殿の柱と推定されている。この時に用いられた材はいずれもスギで、表面にはベンガラが塗られていたようである（景山真二・石原聡「島根県大社町出雲大社境内遺跡の発掘調査の成果」）。

巨木の運搬にみえる信仰――諏訪大社

さて、国譲りで信濃国に移った建御名方神のほうは、諏訪大社に祀られている。この諏訪大社も巨木の信仰との関係が深く、御柱祭（「おんばしら」）は著名である。この御柱祭は正式には「式年造営御柱大祭」といい、寅年・申年の六年ごと（数え年では七年ごと）におこなわれる。この時には諏訪大社上社本宮《かみしゃほんみや》・前宮《まえみや》、下社秋宮《しもしゃあきみや》・春宮《はるみや》にそれぞれ四本、計一六本のモミの大木を伐り出し、曳行して立柱する。宮坂光昭の研究を引用しつつ、木に関連する部分に限って、述べたい(宮坂光昭『諏訪大社の御柱と年中行事』)。

記録でわかる御柱の最大径は昭和二五年(一九五〇)の秋宮一の御柱で、径約一・三mもの太さであった。いっぽう明治以前の御柱の寸法に関する記録はほとんどないが、その運搬には一〇〇〇人、二〇〇〇人の力を要したという。いずれも巨木が用いられ、長さも一の御柱を五丈五尺(約一六・五m)、二の御柱を五丈(約一五m)として、順に五尺ずつ短くしたようである。

御柱の巨木は簡単にみつかるものではなく、数年前から準備が進められる。とくに下社では御柱用木の仮見立てとして、御柱祭の三年前に一本の予備を含む九本を選び、二年前の本見立を経て、前年の伐採に至る。木の生命をいただく伐採では山の神への祈りに始まる儀式が執りおこなわれるが、伐採にあたる者にも精進潔斎が求められる。中世の『諏訪大明神画詞《すわだいみょうじんえことば》』によると、諏訪の人びとは御柱の年の元服や婚礼を慎むこととされたが、この「物忌《ものいみ》」は現代にもみられ、家の新築や増改築、結婚式などは御柱の年を避けるという。

伐採された巨木は枝打ちされ、長さを整えて樹皮をはいだ状態にする。引綱を取り付けるためのメド穴(こうした小穴をエッリ穴・筏穴ともいう)を掘るのであるが、上社の御柱では前後にV字型の角のような針孔梃子《めどてこ》を付けることで、曳きやすくする。上社の御柱は御柱屋敷までの約二〇㎞にわたって曳行される。その途中の急坂の「木落とし」や宮川を越える「川越し」を経るルートで御柱屋敷まで運ばれ、そこで次の儀式である里曳きまでの一カ月を過ごす。里曳きののち、御柱は本宮・前宮の各宮内に曳かれるのである。この里曳きの際に御柱迎えの「お舟」(巨大なソリ)が本宮から出され、明治一〇年頃まではお舟は担いで運ばれていたという。御柱とお舟の両者が出会うと、「お舟」を先頭に御柱は進んでいく。そして柱の頂部を三角錐に切り落とす「冠落《かんむりお》とし」がなされ、各宮で滑車を用いて四本の柱を人力で立て、祭りの終演を迎えるのである。この「冠落とし」の切りくずも御神体の一部として氏子に珍重されており、御柱の神聖性は際立っている。

いっぽう下社のルートは上社よりも険しく、下社の御柱には針孔梃子がない。急峻な下社のルートでは針孔梃子が周辺の木々や山腹に突き刺さる危険があるためである。そして下社の「木落とし」は傾斜約四五度に近い急坂で、曳子の若者を御柱に乗せたままでここを降りるシーンは御柱祭の見世場である。その後、春宮の御柱は境内に置かれ、「冠落とし」ののち、御柱は立てられる。秋宮の御柱はさらに春宮鳥居を抜けて、町内を通る里曳きを迎えるのである。里曳きは新緑溢れる五月に騎馬行列や花笠飾りなどの壮麗な雰囲気で執りおこなわれる。そして秋宮に着くと、「冠落とし」ののち、柱を立て固め、祭りは完了する。

諏訪大社の御柱祭では、伐採・曳行・立柱のいずれの過程においても、巨木であるがゆえの運搬や施工の苦労がにじみ出ており、同時に巨木に対する畏敬の念に溢れている。このように出雲大社・諏訪大社などでは、自然の生命力にあふれる巨木は物質性を超越し、強い信仰の対象として、求心性と精神性を帯びているのである。

木々への畏敬

木への畏れや敬意は御神木のような立木の状態、あるいは象徴的な柱だけではなく、伐採後に建築に用いられる材木にも引き継がれている。山に関する伝承や林業に関連する儀式からも、これらの木々や森、そして山への信仰が確認できる。

木に対する信仰と同じく、日本各地の山を生活の場とする地域では、山に対する畏敬の念が根付いている。四国の高知県や徳島県などに伝わる古杣《ふるそま》の伝承はその一例で、夜中に木を伐るような音や挽く音、大木の倒れる音が聞こえるものの、伐木の痕跡や大木は見当たらないというもので、山中の怪奇現象としておそれられた。同様の巨木倒しは大分の英彦山《ひこさん》や長野・山梨などでも天狗倒しとして伝承され、山の神の仕業ともいわれる。

山に対する信仰は林業との関係も深く、山から木の生命をいただく立木の伐採の際には、一本を倒し、その切株に酒や塩などを供えて山の神に祈ることもある。熊野本宮大社の木苗祭《きなえさい》のように山林に感謝し、植樹する例もある。これらの伝承や儀式もまた、日本人にとって木が単なる物質を超越した特別な存在であったことを示している。

建物の造営においても、山や木に対する儀式が多くみられる。繰り返しになるが、日本の伝統建築のほとんどは木造建築であり、木々の生命を奪って森林のめぐみを享受することで成り立っているからである。

そもそも建設には大量の材料が必要であるが、市場流通の発展した現代社会においては、ほとんどの建材の製作・流通は建設現場とは切り離されている。木材生産も、山における木の伐り出し、山からの運搬、製材など、それぞれの工程で分業しており、現場に入ってくる段階で、すでに建材として加工されていることが多い。さらにいえば、木材は市場の流通に適合するように規格化されている。

しかし歴史的にみれば、多くの建築物はオンリーワンの一品生産であったから、造営にはまずそれぞれの建築にふさわしい材料の確保が求められた。もちろん、小さい材などは流通材もあったが、柱や梁などに用いる主要材は建築のたびごとに山から伐り出す必要があることも多く、山や林業とのかかわりも深い。とくに神社や寺院などでは、伐り出しの際に、杣入りの儀式をおこなうことがある。木を育んできた山々に対する感謝の念を込めて、伐採の開始を報告するのである。そこから木材を曳いて現場までもっていくのであるが、この材木曳も重要な儀式である。先に諏訪大社で示した御柱の曳行や、後述する伊勢神宮の御木曳(第四章参照)もこれにあたる。

造営現場においても、古来、さまざまな儀式が執りおこなわれてきた。これらの儀式は天神《てんじん》地祇《ちぎ》を祀って建設中、あるいは完成後の安全を願うものであるとともに、勤労感謝の意味も含んでいる。こうした建築儀礼は建設工程の節目節目でおこなうものであるため、これらを通して、造営の大まかな流れを理解できる。

主なものでは地鎮祭・釿始《ちょうなはじ》め・立柱式・上棟式などはよく知られているが、このほかにも葺《ふき》籠《ごも》り・家移りなどがある。これらのなかでも、釿始めは木材との関連性がとくに大きい。

造営では基礎から着手するので、まずは土地に対する祭儀として地鎮祭がおこなわれる。地鎮祭は起工にあたって土地の神を鎮め、造営の無事を願うもので、土地の中央に神籬《ひもろぎ》を据えて、その四方に清めた竹を立て、注連縄《しめなわ》を巡らせて祭場とする。ただし江戸時代までの村落の民家などでは、簡略なもので、工匠が祭主となることもあったという。

そして基礎に続いて木材の加工に着手するが、ここでおこなわれるのが釿始めである。墨打ちのあと、釿打ちの儀がおこなわれる。ここにも伐採された木々への畏敬の念が垣間見える。

すでに触れたとおり、神社には一定の年限で社殿を造り替える式年造替があるが、奈良の春日大社の場合は神護景雲二年(七六八)以来、ほぼ二〇年に一度のサイクルで執りおこなわれ、二〇一五年の式年造替は第六〇回であった。起工にあたって、まずは木作始式《こづくりはじめしき》がある。朝に三笠山の麓の石荒《いしこう》神社前で荒神祓之儀《こうじんばらいのぎ》、その後の本殿前の東庭では釿始之儀《ちょうなはじめのぎ》がおこなわれ、これらをあわせて木作始式という。この儀式の方法は春日大社・興福寺の造営を担った春日座の工匠に継承されていたもので、明治以後は略式とされていたが、第五九回の式年造替以降、古儀が復興された。

春日大社は四柱の神を祀っていて四棟の本殿が並ぶが、釿始めで用いる棟木御用材もそれに対応して四本のヒノキを用いる。これを料木《さめぎ》といって、幣殿に並べておく。幣殿内には惣大工《そうだいく》・殿大工《とのだいく》七人・権ノ頭《ごんのかしら》・長大工《おさだいく》・末大工《すえだいく》・雑掌らの工匠、そして葺師・左官らが並ぶ。

釿始めではまず、惣大工・殿大工らが料木の両端に着座して墨打ちの所作をする。墨打ちののち、惣大工は末大工からチョウナという大工道具(第一章参照。図1-5)を受け取ると、四方拝に続いてチョウナを振り下ろす所作をおこなう。そのチョウナは実用品ではなく、柄の部分に蛭巻形の金箔を貼った儀式用で、江戸時代初期のものが春日大社に伝わっており、儀式を華やかに彩る。大工の所作のあとには葺師が檜皮の束を丁寧に料木の両端と中央に置き、これを縄で括り付ける。葺師に続いて左官が第二殿と第三殿の間に進んで一拝し、最後に第一殿の料木に「一之御殿料木」と記す。これらの一連の所作には料木や檜皮への深い敬意が表れている。

このように建築の儀式は工程の節目ごとに実施されており、工匠の心得として、工匠式中は常に畏敬の念を持ち、十分な予行演習をおこなって習熟することが求められた(伊藤平左ヱ門『建築の儀式』)。私も二〇一五年の木作始式に儀式の一員として参加したが、リハーサルを経て本番に臨んだ。こうした建築の儀式や、そこに臨む工匠の敬虔な姿を通して、木々や山への信仰が透けて見えるのである。

建築から木の文化をとらえる

さて、私の専門が日本建築史や文化遺産ということもあり、冒頭から建物に関連した話が続いたが、木の文化を考えるうえで建築は欠くことのできないテーマである。世界遺産の登録勧告などをおこなう国際的組織であるイコモス（国際記念物遺跡会議）、そのなかに木をとくに扱うＩＩＷＣ（ICOMOS International Wood Committee）という組織があるが、ここでは木造建築を中心に、その保存や木や森と人の共生、木の文化について各国の第一人者が研究している。私も自身の知識や経験を生かして参加しており、日本の木造建築文化遺産と森林からの木材供給などについて調査・研究を重ねてきた。本書はこうした木造建築における一本一本の木の選択から、森林からの材料供給という周辺環境まで、木そのものに徹底的にこだわって日本の歴史や文化を考えてみようという試みである。

もちろん木の文化は、衣・食・住と生活全般にわたっている。そのなかでも、建築を中心に据えた本書の内容に私のバックグラウンドが少なからず影響していることは間違いないが、日本には千年を超える木造建築が多数現存する、世界的にも珍しい地域であることは疑いない。

それゆえ日本建築は日本の木の文化の象徴といっても過言ではなかろう。

日本建築史の通史的なものは拙著(『建物が語る日本の歴史』)をはじめ、多く存在するが、建築の意匠・技法・工匠に着目したものが主で、木の供給など、森林とのかかわりを述べた研究や書籍はほとんどみられない。また森林や木の文化を取り上げたものも、森林状態や林業や林政、各種の木製品、加工道具などに焦点をあてたものがほとんどであるから、森林とそこから生み出された文化との間の橋渡しも課題である。

そこで本書では、建築史の研究者として私がたずさわらせていただいた経験を踏まえながら、総合的に日本の森と木の文化を紹介したい。建築が主たる対象となるが、生活文化のなかの木やその流通についても、できるだけ取り上げていくつもりである。

まず第一章では、おもに考古学の成果にもとづき、先史時代の木と人びとの営みについてみていく。食料供給に加え燃料や舟に至るまで、森林から多くのめぐみを享受したことが知られる。また木の文化を知る前提として、木そのものの基礎知識を紹介し、木の特徴を生かした加工の方法について述べたい。

第二章では、古代における木の文化を、都城や巨大寺院などを例に考察する。それらの建材は太い木から得られており、豊富な森林資源の存在が背景にある。また文明がより発達した古代社会では、先史時代以前とは比べものにならないほどの大量かつ継続的な木材の供給が求められた。そのため木を伐り出す杣が各地に設けられ、そこから主に水運を用いて京へと運ばれた。これらの広域な木の流通を示したい。また用途に合わせた樹種の選択や、木材の特性を生かした古代人の知恵を紹介しよう。

第三章では、過度な木材資源の利用が森林の荒廃を招いた中世についてみてみよう。とくに、鎌倉時代の東大寺大仏殿の再建状況からは、巨材を得ることが困難であった様子がうかがえる。そして多くの現存建築にみえる、古代とは異なる新たな樹種の使用にもその一端は表出している。同時に、中世には木材が富を生む商品として、利権化していったという面も忘れてはならない。加えて、この時期には木材が海を越えて輸出・輸入されており、とくに日本のヒノキは中国大陸でも取引されていた。こうした巨材確保の困難と木材の輸出には、古代と比べて荒廃したとはいえ、東アジアレベルでは豊かな山林に育まれた日本列島の木の文化の多面性が表れている。

第四章では、近世の資源保護の方法について触れたい。木の即物的な価値だけではなく、山林の保水による治水という森の環境保全機能が着目され、その保護が進んだ。ただし、木の伐採を制限するという消極的な保全が主で、育林による積極的な保全には程遠いものであった。いっぽうで三都(江戸・大坂・京都)を中心に、都市の拡大や繰り返される大火と復興により、多くの材木が消費された。近世には造営の方法も入札や請負に変わっており、それとともに材料となる木の入手方法も、山から選び出す方法から市場で手に入れる方法へと変化していった。造営方法と木材流通の両面から社会変化を覗いてみたい。

終章では、近現代から将来に向けた、木と人のあり方に対する視座を示そう。科学技術が発展した近現代にあっても、東本願寺の造営や姫路城大天守の修理では巨材の運搬や確保に苦労している。さらに二一世紀には巨材を日本国内で確保することができず、遠く海外に求めることもある。また歴史的建造物の修理の現場でも取替のための良質な木材や葺材は欠かせないが、これらも枯渇しており、その確保は現代の我々に課された大きな課題である。それゆえ将来に必要となる巨材や植物性材料を育成するための取り組みを紹介したい。

第一章　木と人のいとなみ

一　森林と人のかかわり

森の利用

森林と人とのかかわりには長い歴史がある。そもそも人類はさまざまな周辺環境に適応し、身近な自然界に存在する物質を利用してきた。川や池、地下水などの水、海の魚や貝、塩はもちろん、森から生み出される林産資源、動物資源もまた人びとの生活を支えており、なかでも木は身近な材料であった。自然界には木のほかにも石・土・草など、数多くの自然材料が存在する。いっぽうで加工道具が未熟な社会にあって、日本に限らず、森林環境に恵まれた地域では、加工のしやすい木は広く用いられた。そのため世界中に木の文明は存在するのであるが、日本は木の扱いの巧みさにおいて、とくに秀でており、さらに木に対する愛着も強い。序章でも述べたように、日本でも二〇世紀後半以降、鉄・ガラス・コンクリート・プラスチックなどで作られた物が溢れており、都市部で森林のめぐみを感じることは少ないかもしれない。いっぽうで、日本の生活のなかに木は依然として浸透している。現在も低層の戸建住宅の八割以上は木造住宅であるし、木の存在感を強調した現代建築を造る日本人建築家も少なくない。身のまわりを見わたすと、箸や椀にも木製のものは多くあるし、机や椅子などの家具が木製であることも多かろう。嫁入り道具としての桐の箪笥は近年、珍しいが、檜風呂、杉の曲げわっぱの弁当箱などは今でも根強い人気がある。さらに木製の眼鏡フレームまで愛好者がおり、木を使った品々は生活に根付いている。こうした木と日本人のかかわりの歴史は長く、容易に手に入る豊かな森林資源に囲まれた環境が巧みな木材利用と優れた木の文化を育んできたのである。

採集と栽培

人類は森林から木材のみを利用していたわけではなく、日本でも森林の恩恵は多岐にわたる。とくに、水稲農耕以前の縄文時代には、定住がすすんで集落が形成されるようになり、漁撈や狩猟もおこなわれていたが、これらから得られる動物性食品以上に、植物は主たる食べ物であった。とりわけ森林のもたらす食のめぐみは貴重で、クリ・クルミ・トチノキなどの木の実は重要な栄養源であった。木の実以外にもウド・ワラビなどの山菜やヤマイモ・ユリの根などの根菜も縄文時代の遺跡から発見されており、多くの森林のめぐみを享受していたことが知られる。

採集の目的は食料の確保に限らない。堆肥のための落葉などの利用や薪の採集なども重要である。これらのほか、木の利用という点では漆もその一例である。漆はウルシの樹木から採取した樹液を加工したもので、塗料や接着剤として使われ、現在は樹皮を傷つけて生漆《きうるし》を採集する。漆の歴史は長く、当時の採取方法は明らかではないが、縄文時代早期の集落である垣ノ島遺跡(北海道函館市)の土坑墓からは副葬品の世界最古の漆製品が出土している。また同遺跡からは縄文後期の注口土器《ちゅうこうどき》も出土しており、これは黒漆の上に赤漆を塗っている。現在ウルシは日本・中国・朝鮮半島に分布しているが、元来、日本には自生していなかったとされる。しかし、ウルシの花粉分析によって、縄文時代早期後葉以降、縄文時代を通して東日本から北日本に存在していたことがわかっている。現に多数の縄文時代の漆製品が北海道から北陸までの各地で出土しており、集落の近郊にウルシの木が存在していたとみられる。

とくに北海道南部の遺跡でみられる漆塗り装身具は、コハクやヒスイと同じく威信財とみられ、階層社会の存在を示している。これもひとつの木の文化といえよう。このように縄文時代にはすでに、生活必需を超えた森林の利用がなされていたのである。

かつて縄文時代の人びとは狩猟採集民で農耕をおこなわなかったと考えられていたが、ダイズ・アズキなどの豆類は縄文時代前期から栽培されていることが、考古学的検討により判明してきている(小畑弘己『タネをまく縄文人』)。また、日本には自生しないヒョウタン・シソ・エゴマなどが遺跡から出土しており、これらも海外から持ち込まれ、栽培されていたと考えられる。

栽培の対象は樹木にも及んでおり、三内丸山《さんないまるやま》遺跡(青森市)では花粉分析からクリの管理栽培が明らかになっている。また観音寺《かんのんじ》本馬《ほんま》遺跡(奈良県橿原市)でも、人為的に造られたクリ林が確認されている。クリは果実と木材の両面で有用であったうえに、鉄器のない時代にあっても、斧による伐採は容易であり、縄文人にとって身近な木であった。また考古植生学の立場からは、上述のウルシも栽培されていたと考えられる(工藤雄一郎編『縄文時代の人と植物の関係史』)。すでに縄文時代の人びとは、自然の木々を一方的に利用するだけではなく、育成することで森林に干渉し、共生していたのである。

二　生活のなかの木材と森林の変化

生活のなかの木々

日本人は山や森林に対する深い信仰を持ついっぽうで、森林を消費し、変化させてきた。縄文時代に人口が増加し、集落が拡大するにつれて、日常生活用の燃料、生活用具の材料、住居用の建材などの目的で集落周辺の木々を利用するようになる。木材利用というと建築用が使用量の大半を占めるというイメージもあろうが、その割合は必ずしも多くない。縄文時代の住居の規模は小さく、その柱径は約一〇㎝と比較的、細い。そのうえ一時的な消費ではなく、一定期間の耐久使用であるため、耐用年数を考慮すると、住居用の木材の使用量は比較的少ないのである。むしろ恒常的な使用、すなわち炊事・暖房などの生活で用いられる薪の量の方が膨大であり、森林に与える影響も大きい。このほかにも土器焼成や製塩など、集落単位の活動でも薪は消費されており、住居や木製品に用いられる木材の量はむしろ限定的であったとみられる。

縄文時代の木製品については、鳥浜貝塚遺跡(福井県若狭町)から一四〇〇点にものぼる大量の加工材が出土しており、その用途や用材を知ることができる。出土木製品の構成は杭や板、大きな木材を楔などを用いて繊維方向に割った割材《わりざい》などの部材が多いものの、弓柄《ゆづか》・尖棒・漆器・容器・櫂《かい》など、性格のはっきりしたものも多い。樹種をみるとスギが多く、この時代に自然木として豊富に存在したとみられる。スダシイ・アカガシなども含まれるが、やはり周辺の自然木を手近に利用したのであろう。いっぽうで、当時の植生ではモチノキ・トネリコなども多かったとみられるが、これらの利用は少ない。モチノキは小径木が多いことから用いられなかったのであろうが、トネリコは約一五mの高さまで伸び、樹径もある程度の大きさまで成長し、加工も比較的、容易である。それにもかかわらず、中高瀬観音山《なかたかせかんのんやま》遺跡(群馬県富岡市)などの一部の遺跡を除いて出土例は少なく、トネリコを積極的に用いていないことから、意識的に木製品に適したスギを好んで選択していたと考えられる。

木材使用量の面ではこれら木製品の与える影響は薪ほど大きくはないが、文化的側面からは重要である。木製品は木材を加工する石斧の柄、土木用の杭、弓、容器、板などの比較的小規模のものが多いが、大型の木製品である舟は巨木との関係も深く、木の文化を考えるうえで興味深い。

縄文時代の舟は巨木を刳りぬいた丸木舟で、全国で約一五〇艘以上がみつかっている。鉄器のない時代にあって、どのように丸木舟を加工したかという点について述べておきたい。日本最古の丸木舟が雷下《かみなりした》遺跡(千葉県市川市)から出土しており、約七五〇〇年前の縄文時代早期中葉のものとされる。ムクノキを刳りぬいたもので、全長七・二m以上、幅約五〇cmが遺存しており、厚みは五~八cmあり、大型の舟であったとみられる。

この遺跡ではクロダイ・スズキ・ボラ・フグなどの魚類の骨が出土しており、大多数を占めるハイガイの存在と合わせて、丸木舟に乗って漁撈にいそしむ縄文人の姿が目に浮かぶようである(沖松信隆「雷下遺跡の概要」)。

この丸木舟の形状は、縄文時代後期のものとは大きく異なる。後期のものは底が平滑で、側面部との間に稜線(角の部分)が出る形状であるが、この雷下遺跡の丸木舟の底面は年輪に沿った曲面である。木の繊維を切断して加工するのではなく、年輪に沿って加工したのであろう。さらにこの丸木舟の内側には加工痕跡が多く残っており、焦げ跡が確認できることから、火で焦がしながら、石器で丸太を刳りぬく方法で製作されたとみられる。このように大型の丸木舟を造り上げる技術はすでに縄文時代早期に存在しており、巨木による丸木舟が生活を支えていたのである。

いっぽうでこれらの刳りぬきの丸木舟は、木材加工の技術が未熟であったことや精度の高い材の組みあげが難しかった状況を示している。すなわち、小さい材を精度良く加工して組み合わせることで、水の入らない舟を造り上げることができるのであれば、手間がかかる巨木を利用するよりも、伐採・運搬・加工のいずれの点でも合理的かつ効率的であろう。しかし縄文時代の舟は刳りぬきの丸木舟なのである。つまり精度の高い材の組み合わせの技術がないがゆえに、一木の巨木から刳りぬくことで継ぎ目のない丸木舟を造らざるを得なかったと考えられる。時代の下った古墳時代には一〇mを超えるものもあり、前後継ぎとして複材刳舟とすることもあった。むろん、奈良時代の平城宮内裏の刳りぬきの井戸のように、威信財として巨材から作り出すことに意味を見出すこともあるが、古墳時代以前の刳りぬいた丸木舟は、加工・実用の両面でメリットがあったのであろう。

丸木舟の有効性のひとつは壊れにくく、沈みにくいという特性である。一木から刳り出すため、大型化という点では限界があるが、施工精度の悪さによる水漏れなどの心配もなく、また継ぎ目が無いことから強度も高いのである。そのため、大型船が造られるようになってからも丸木舟は造り続けられ、後述のように、琉球では近世にも丸木舟が使用されていた(第四章参照)。なかにはアイヌのまるきぶね(河沼用、大正時代)や美保《みほ》神社(松江市)の神事で使われる諸手《もろた》舟《ぶね》(一九七八年)などのように、重要有形民俗文化財に指定されているものもある。

この丸木舟の建造にあたっては、樹種の選択への配慮もうかがえる。縄文時代にはムクノキのほか、イヌガヤやクリなどが用いられ、古墳時代の巨大な丸木舟ではクスノキを用いるものが多く、舟に適した水に強い樹種が採用されていたようである。巨木の多いスギとクスノキを舟に用いるべきことは『日本書紀《にほんしょき》』にも記述がみられ、これらの樹種選択も丸木舟に巨木を用いるための配慮とみられる(詳細は第二章参照)。巨木を用いて船としたという記述は『古事記』『日本書紀』に収められた記紀《きき》歌謡《かよう》や『万葉集』などにも散見され、とくに『万葉集』三九一番には足柄山で舟材となるべき木を材木としてしまったことを惜しんでおり、巨木と造船の深い関係の一端がうかがえる。巨木という森林の豊かな恩恵を受けつつ丸木舟を建造し、これを操って人びとは海や川を駆けていたのである。

山と海をつなぐ薪

海とのつながりでいうと、塩づくりも山や木とつながっている。塩は生命の維持に不可欠であり、交易品としても貴重であった。中世には塩や塩魚を専売であつかう塩座《しおざ》が形成され、なかでも興福寺の大乗院《だいじょういん》・一乗院《いちじょういん》を本所とする塩座は有名である。これらは大坂の堺・京都と奈良の境界の泉木津《いずみきづ》（現在の京都府木津川市木津）から搬入される瀬戸内塩の独占販売権を有しており、財政面でも塩は重要な品目であった。

塩の製法は時代や場所によっても変わるが、少なくとも日本の気候では海水を天日にさらすのみでは塩にならないため、海水に熱エネルギーを加える必要がある。古代の詳しい製塩方法は不明だが、海藻に塩水をかけて濃い塩水を作り、それを煮詰めて塩にする藻塩《もしおや》焼きとみられ、このための製塩土器が各地で出土している。『日本書紀』応神天皇三十一年八月条には、製塩用の薪として使って燃え残った部分で天皇が琴を作らせたところ、その音色が遠方にまで聞こえたというエピソードが記されており、古くから製塩に薪は不可欠であったことが知られる。中世以降の方法では、海水を砂に撒いて、それを天日で乾かし、この砂を海水で流すことで濃い塩水に濃縮させ、これを燃焼させることで、塩の結晶を作り出した。製塩の過程で煮詰めるための燃料の薪が大量に必要である。

製塩を通して、海と山の木々がつながっている様子は塩山の語からもうかがえる。『世界大百科事典』によると、奈良時代の寺院の財産を記した資財帳《しざいちょう》などに塩山(焼塩山、取塩木山)という記載がみられ、これは塩田で使用する木材を採るための山とされる。すなわち、製塩に必要な燃料の確保が山でなされていたのだ。この塩山の語は塩と山の密接な関係、そして燃料源である山が重要な資産であったことを示している。塩の生産場所も重要な資産であろうが、こちらは資財帳に記されていないことから、寺院経済にとっては塩山がより重要だったのである。

類似する民俗事例が山間部にみられる。新潟県岩船郡 雷《いかづち》・小俣《おまた》(現村上市)などの集落では、かつて木を上流で伐って川に流し、河口で木を回収して製塩をおこない、塩を持ち帰ったという。同様の事例は山形県東田川郡朝日村大島(現鶴岡市)や岐阜県揖斐川上流周辺にもあり、東日本各地で、こうした山における木の伐り出しと製塩の関係がみられたと考えられている(日本塩業大系編集委員会編『日本塩業大系 特論民俗』)。「敵に塩を送る」で知られるように、内陸や山間部では塩はとくに貴重であったから、それを求めて燃料である木とともに山から海へ人も移動したのである。こうした山の民による製塩形態はやがて、上流では製塩の燃料供給、海側では製塩作業と分離していき、さらに塩そのものの交易へと変化していった。近世には、瀬戸内を中心に大規模な製塩がおこなわれ、熱源たる薪や木炭は大量に消費されていた。

ちなみに製塩と同じく、たたら製鉄も木炭を大量に使って高温にするため、木や森とのかかわりが密接である。たたら製鉄の秘法を記した「鉄山秘書」(享和三年〈一八〇三〉)には「一に粉鉄、二に木山、三に元釜土」とある。原料となる粉鉄(砂鉄)はもちろんであるが、たたら製鉄においても燃料である木炭、さらにいえば、その木を生み出す山が重要だったのである。

木炭用の樹種はマツ・クリ・マキが最良とされ、この木炭に用いる木材消費は膨大であったため、たたら製鉄の盛んであった中国山地では、近世以前にも禿げ山が珍しくなかったという。それゆえに土砂の流出とともに、森林や下流の農村に与える影響は甚大であった(有岡利幸『里山I』)。このように製塩や製鉄などにおいて、熱量を得るため薪が大量に求められ、その薪を供給する森や山の消耗が著しかったのである。

三　木の特性を知る

広葉樹と針葉樹

すでに触れたように、古くより人びとは木の特性を理解し、その特性を活かして利用してきた。とはいえ、木は鉄やコンクリートなどの材料とは異なり、人工的なコントロールの難しい材料である。それに加えて、その強度は樹種によっても変わるし、同じ樹種であっても生育環境によって差があり、一本一本に個性があって一定しない。木のクセを読み、声を聴け、とい

表1　針葉樹と広葉樹の特徴

	針　葉　樹	広　葉　樹
外　　観	上方に太い幹が伸び，そこから枝分かれする	枝分かれし，樹冠を大きく広げる
葉	針のように細く，先端がとがる	広くて平たい
年　　輪	明確であることが多い	不明確な場合がある
木　　目	比較的まっすぐとおる	複雑に変化する
材　　質	軽くて柔らかい	硬くて重い
加 工 性	加工しやすい	加工しにくいが，強靭
主な樹種	ヒノキ・スギ・ツガ・アカマツ・モミなど	ケヤキ・クリ・クスノキ・トチ・ミズナラなど

う職人の言葉はこうしたところに起因している。

もちろん木目や色味などの意匠面も木々の特徴のひとつであるが、構造特性も優れており、それぞれの特性に応じた木の使いかたがある。たとえば、木は水に浮くイメージがあろうが、なかには世界で最も重い木とされるリグナムバイタやコクタンのように、沈むものもある。まずは木の文化を理解するうえで押さえておくべき木そのものの基礎知識を整理しておこう。

木には一年じゅう葉をつけている常緑樹と冬に落葉する落葉樹とがあり、また広葉樹と針葉樹という違いもある(表1)。広葉樹と針葉樹は葉の形状に大きな違いがあり、広葉樹の葉が平たく広がっているのに対し、針葉樹の葉はその名の通り、針のように細い形をしている(図1-1)。また、立木の場合、広葉樹は枝分かれして横に広がった樹形をしており、その代表はケヤキ・クスノキ・トチなどである。いっぽう、針葉樹は垂直方向に幹がまっすぐのびた円錐形で、ヒノキ・スギ・

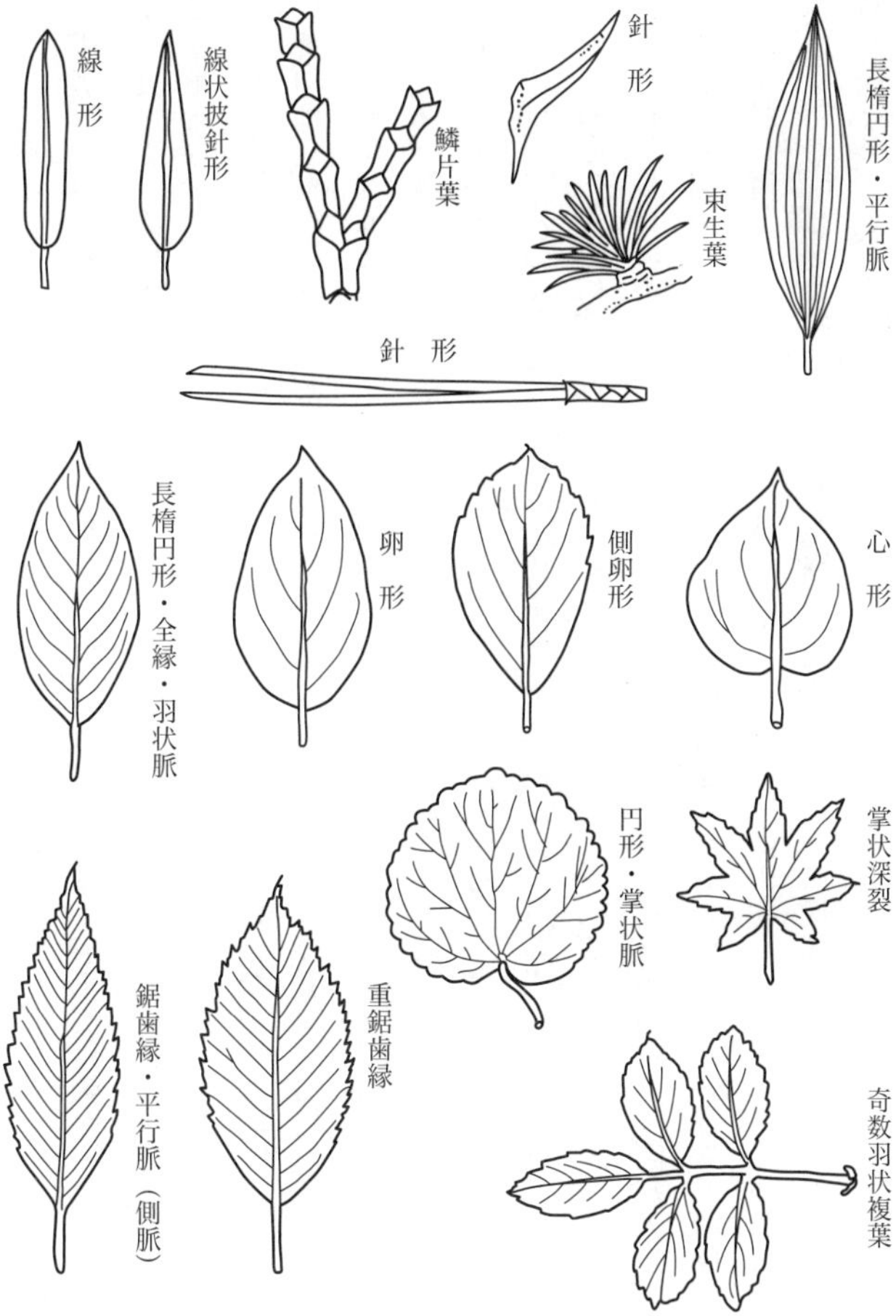

図 1-1 針葉樹と広葉樹の葉の特徴

マツ・モミなどがその代表で、針葉樹には常緑樹が多い。

両者は生育する地域が異なり、針葉樹は比較的寒い地域、広葉樹は暖かい地域に広がっている。とくに常緑広葉樹林のクルミ・クリなどは堅果類のめぐみをもたらし、縄文文化を形成する素地となった。

さて両者は立木の時点で大きく異なるだけではなく、木材となっても性質が大きく異なる。広葉樹は基本的に細胞が密であるため硬く重い材質となり、針葉樹は細胞の密度が低いため柔らかく軽い材質となる。もちろん例外もあり、広葉樹のなかでもキリは非常に軽い材料として知られる。また成長の早い木は軽く、成長の遅い木は重くなる。たとえば、針葉樹のスギは比較的、比重の小さい木であるが、屋久杉のような長い年月をかけて成長した巨木は重くなる。

いっぽうで木材にしてしまうと、広葉樹と針葉樹の見た目の違いは立木ほど明確ではなくなるが、断面の年輪に強く違いが表れる。そもそも年輪は季節ごとの成長の違いにより、形成される。春から夏にかけて形成された部分は早材《そうざい》といい、成長が早いため隙間が大きいのに対して、成長の遅い夏から秋にかけて形成された部分を晩材《ばんざい》といい、成長が遅いため隙間が詰まる。そして秋以降、春まではほとんど成長しない。この隙間の粗密が年輪として表れている。そのため早材と晩材を合わせたものが年輪の一層分で、とくに晩材と早材の境は明瞭で、同心円状の模様を形成し、年輪一層分が一年の歴史を刻んでいるのである。

それゆえ年輪の層を数えることで、樹齢を知ることができ、この年輪のパターンは樹木の年代を知る方法である年輪年代学などでも利用されている。年輪年代学では、樹種ごとに年輪パターンをグラフ化した標準年輪曲線を作成するのであるが、樹種・個体差・天候不順など、さまざまな要因が年輪に影響を及ぼし、二つとして同じ年輪は存在しない。ただし、同じ地域・時代に成長した木であれば、生育した環境が類似するため、年輪パターンも類似するという性質を利用して、年代を測るのである。

針葉樹と広葉樹の年輪に話を戻すと、マツ・スギなどのように針葉樹は比較的、年輪がはっきりしたものが多いが、イヌマキやモミのように、不明瞭なものもある。広葉樹ではケヤキなどは明瞭であるのに対し、サクラなどは肉眼では判然としないことが多く、日本の樹木でも年輪の形成には樹種ごとに大きな違いがある。さらにいえば、季節ごとの成長の差が明瞭な年輪を生み出すため、寒暖の差の少ない熱帯地方などの木では、そもそも年輪が不明瞭であることも多い。

年輪以外にも木材で違いを知ることはできる。わかりやすい例は木目や色味である。とくに黄・茶・赤・黒といった色やその濃淡によって、木の表情が大きく変わる。

チーク・ウォールナット・マホガニーなどは色味が濃く、家具や内装で用いられ、日本の木でもケヤキ・クルミなどは比較的、濃い色である。中間的な色としてはヒノキ・ナラ・クリな

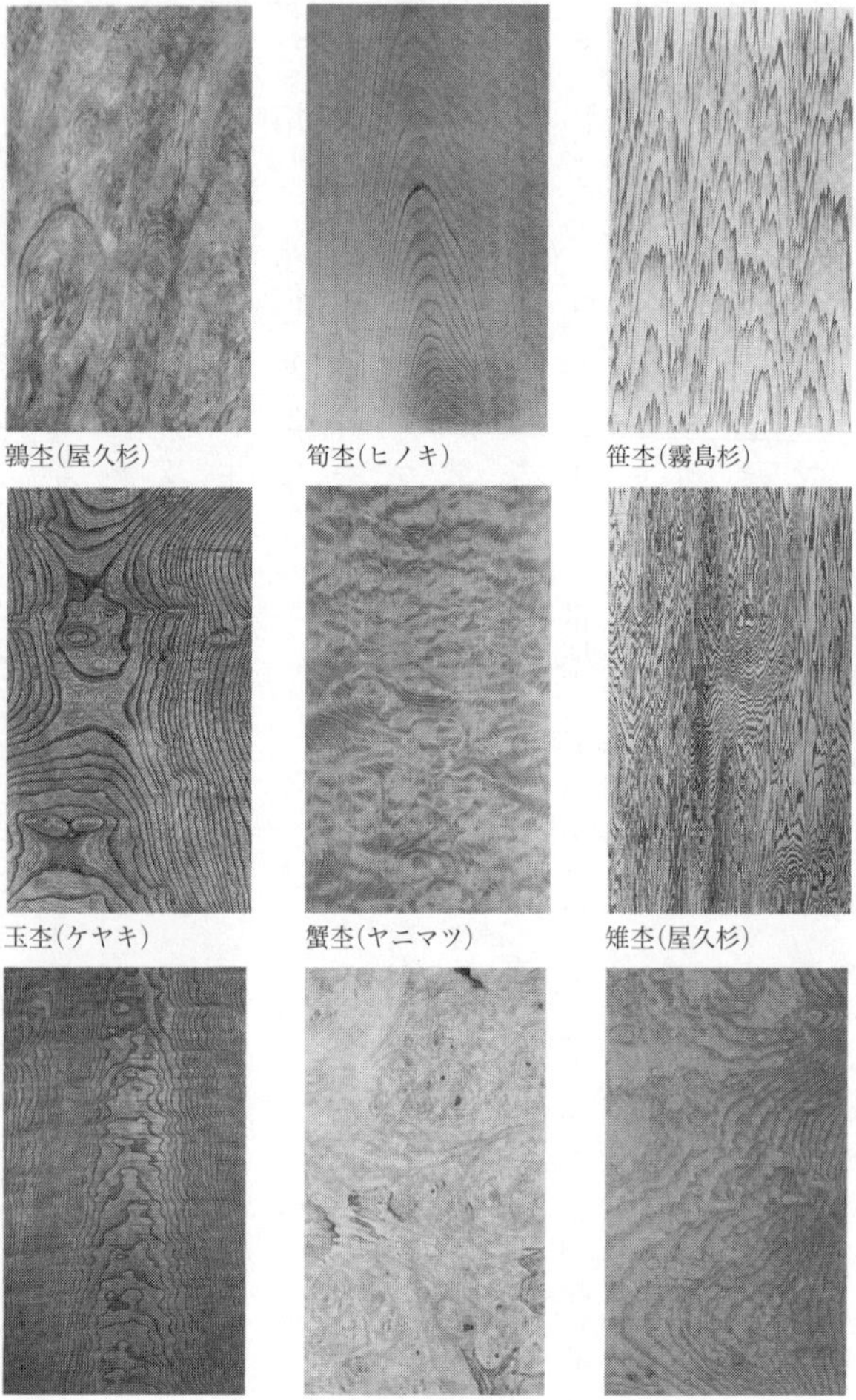

図 1-2　様々な樹種と多様な木目

表2　木目の種類と特徴

木目の種類	特　　徴	主な樹種
中《なか》杢《もく》	中央に板目が少しだけあり，両側は柾目の模様	スギ(とくに吉野杉)
笹《ささ》杢《もく》	笹の葉を重ねたようなギザギザした板目の模様	スギ・ヒノキ・サワラ
筍《たけのこ》杢《もく》	筍の皮のように，山形の重なった模様	ケヤキ・スギ・ヒノキ
玉《たま》杢《もく》	板目面に表れた渦巻や連環状の模様	ケヤキ・クスノキ・センなど
雉《きじ》杢《もく》	雉の羽のように濃淡が入る模様	スギ(吉野杉や屋久杉・神代杉)・ネズコ

どがあり、薄いものにはメープル・シラカバなどがあり、タガヤサンやコクタンなど、黒味の強いものもある。木目についても、網杢《あみもく》のクロガキ、玉杢《たまもく》のケヤキ・タモ、笹杢《ささもく》のスギなどは特徴的な意匠で珍重され、床板《とこいた》・天井板・腰板などに用いられる(図1-2、表2)。それぞれの木に美しさを見出し、色味や木肌などの特徴だけではなく、採材の位置ごとに変わる木目にもこだわった使い方をしており、その選択に膨大なエネルギーを投じて木の文化を築き上げたのである。

日本の植生

日本の森林の植生は気候、地形、高度など、さまざまな要素の影響により成り立っている。南北に細長い日本列島では亜寒帯や亜熱帯が一部あるが、ほとんどの地域が暖温帯・冷温帯に属しており、この温暖湿潤の気候が多雨をもたらし、比較的はっきりとした四季の変化を生み出している。加えて急峻な地形によって多彩な環境が作り出されており、一〇〇

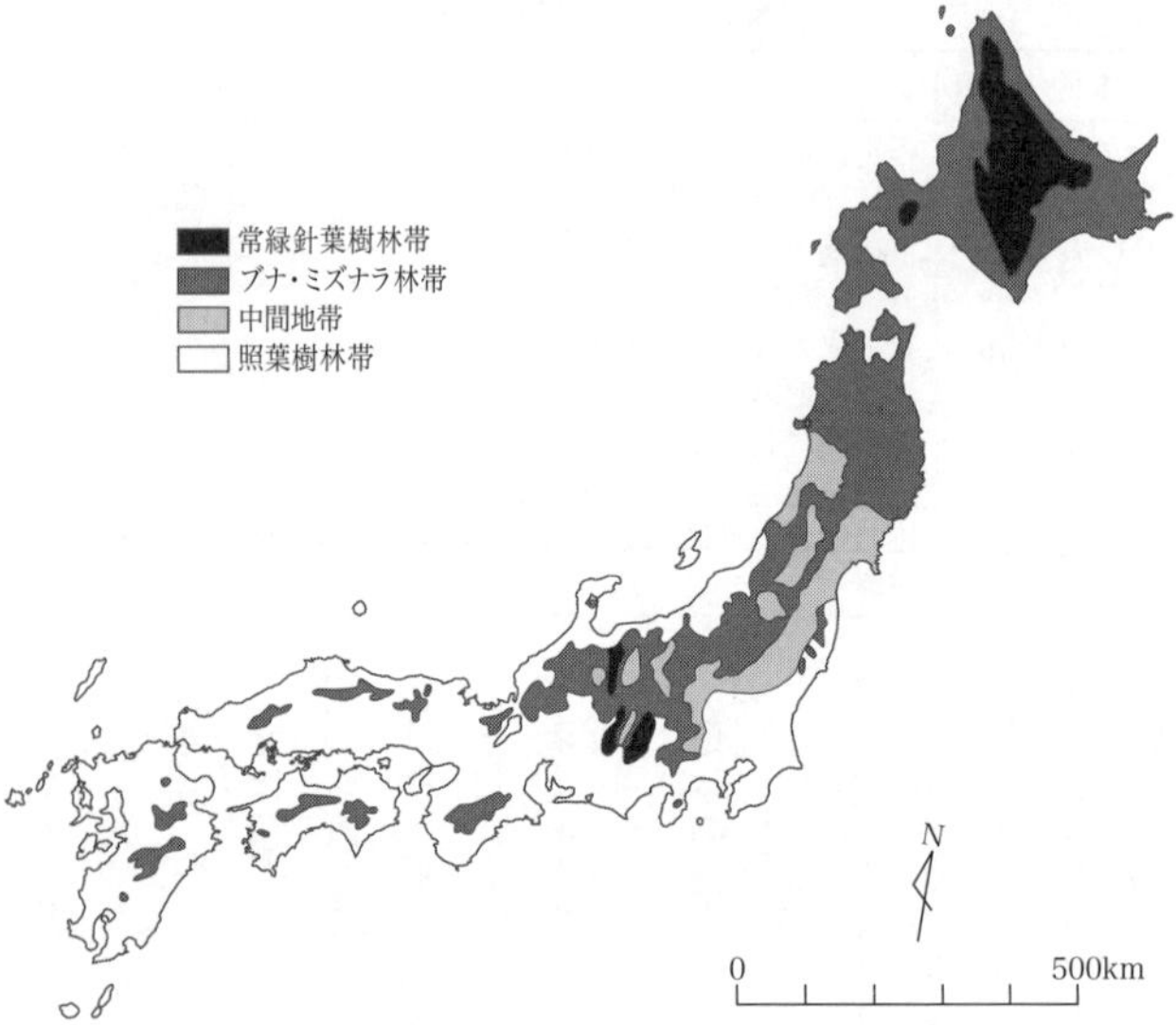

図1-3　日本の森林帯

○種類を超える樹木がそれぞれの環境に適応しながら生育している。その結果、原生的な植生だけではなく、人びとの営みによって維持されてきた里山も含まれるが、山岳部を中心に国土の七○%を森林が占め、世界的にも高い森林率を誇っている（図1-3）。

本州の植生は二つに大別でき、北部ではブナ・ナラを主とする落葉広葉樹林が多く、冷温帯とされる。これに対して南下するにつれてシイ・カシ・クスノキなどの常緑広葉樹林へと変化し、暖温帯とされる（四手井綱英『森林Ⅲ』）。また標高二五○○m前後が森林限界で、それより高地では高山植物やハイマツの高山帯となる。冷温帯・暖温帯ともに、広葉樹林にスギ・ヒノキ・モミなどの大径の針葉樹が混生している。

こうした森林植生の恩恵で身近に良質の木材を得ることが可能になり、木を主体とする建築を生み出したのである。とくにヒノキは、日本・台湾にのみ分布しており、日本でも福島を北限とし、九州までの範囲に分布している特徴的な樹木である。

またヒノキと植生分布がほぼ同じコウヤマキや、本州の北端から屋久島まで自生するスギは日本の固有種である。伊勢神宮や法隆寺に代表されるように、ヒノキは建材として好まれ、住宅や風呂でも総檜造と表現されるほど珍重されている。物の移動が容易ではなかった時代には、植生の範囲は用材の樹種にも多大な影響を及ぼすから、これらの木々は日本人とともに歴史を歩んできたといっても過言ではなかろう。

木の繊維方向と木材の材料特性

木の特徴を材料力学的な特性の面からみておこう。木は弱いというイメージがあるかもしれないが、その重さに対して強度は高く、優秀な材料である。鉄が重くて強いとすれば、木はいわば、軽くて強く、さらに粘りのある材なのである。いっぽうで自然材料であるため、個性が強く、樹種によっても強度や性質は大きく異なる。木の構成は、中心に近い心材と樹皮に近い

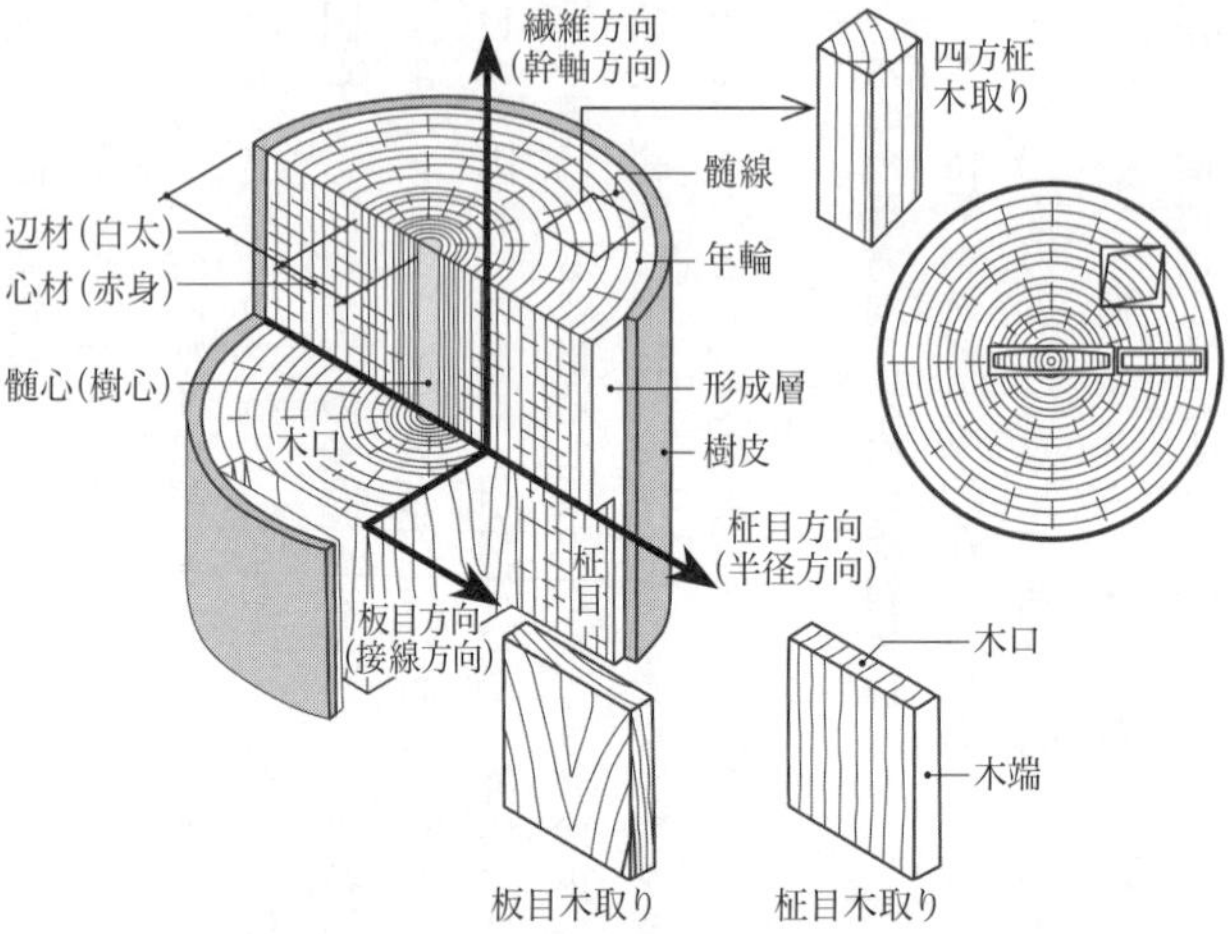

図 1-4　木材の繊維方向，年輪，木取り

辺材、そして樹皮からなり、心材は赤みを帯びているため赤身、辺材は白っぽいので白太《しらた》ともいう。赤身は成長が終わって死んだ部分であり、樹皮のすぐ内側の形成層が成長することで、木は太くなっていく(図1-4)。

木は成長につれて枝を伸ばしていくので、そこには節ができるが、木材では無節が好まれ、四方無節の材はとくに高級材とされる。それゆえに節ができるのを防ぐ対策もとられている。枝打ちをおこなって節の部分を覆うように木を太らせれば、表面に節は出てこない。ただし表面に節はなくとも、内部にこれらが残っているので、製材の方法によっては再び節がみえることもある。こうした丸太からの材の切り出し方を木取《きど》りというが、木取りによっても木材の価値は大きく変化するので、細心の注意が払われる。

ではその木取りについてみてみよう(図1-4)。木は根元に近い方を元口《もとくち》、先端に近い方を末口《すえくち》といい、柱の天地などを考えるうえでも元口・末口を考慮する。また芯(髄心)を持つものを芯持《しんも》ち材、芯を持たないものを芯去材《しんさりざい》という。板や角材では表面に近い側の木表《きおもて》、芯に近い側の木裏《きうら》があり、木裏は逆目が立ちやすく、凹凸ができるため、手先に触れる部分には使わないように配慮して用いる。また、木の芯から放射方向の断面を柾目《まさめ》といい、繊維が縦方向にみえ、これと直交する方向の断面を板目という。角材などでは柾材が好まれ、とくに四方が柾目の四方柾《ほうまさ》は一本の木から得ることが難しく、最高級品のひとつとされる。また板材でも柾板は貴重で、とくに芯の部分が板の中央にくる中杢《なかもく》はその表情から天井板で珍重される。このように、木取りによって木目の違いや芯の有無などは大きく変わっており、そこに価値を見出しているのである。

さて、木は繊維方向によって、構造強度や木肌の表情が大きく変わってくる。繊維と平行方向(木の垂直方向)に対しては引っ張りや圧縮に強い。これに対して繊維と直交する方向(木の水平方向)には弱く、繊維方向に沿って割れやすいため、古代には木材を割るのにこの性質を利用している(図1-4)。

さらに自然材料であるため、製材してからも変形する。これは木に含まれる水の量の変化による影響である。木材がどのくらいの割合の水を含むかを示す指標を含水率という。木は乾燥したといっても、水分が全くなくなるわけではなく、一定の水分を含んでいる。含水率は十分に乾燥した木の質量に対して、水をどのくらい含むかという割合のことで、木の変化にはこの含水率が絡んでいる。全乾燥状態で一〇〇kgの木に一〇kgの水が含まれていれば、含水率は一〇%、一〇〇kgの水分が含まれていれば、含水率は一〇〇%となる。含水率は樹種でも異なってくるし、成長する辺材のほうが、心材よりも含水率が高い傾向がある。ヒノキやスギの立木のように、乾燥させた木の質量以上に水を含み、含水率が一〇〇%を超えるものもある。

このように木は水を多く含むため、そのままの状態では木材として利用できず、十分に乾燥させてから使用するのである。立木の状態から伐採して、枝葉が付いた状態で放置する葉枯《はがら》し乾燥を経て丸太に製材され、その後、さらに乾燥を経て、ようやく木材に製材される。そのため比較的期間の短い人工乾燥に対して、天然乾燥では半年から数年かかることも珍しくない。

乾燥にともなって木が収縮し、ねじれ・割れ・反り・収縮・膨張などが生じ、大径材や長大材ではその苦労はとくに大きい。乾燥は木材の製材にとって不可欠であるが、これらの変形を防ぐため、木口に接着剤としてロウを塗ったり、背割《せわ》りという切れ込みを入れたりと工夫を凝らしている。あらかじめ背割りとして木材に切れ込みを入れることで、割れる位置をコントロールできる。さらに建物に用いる際もこの切れ込みを壁側とすることで、目立たないように使用するなどの工夫も可能になる。このように製材後も、乾燥や割れのコントロールによる品質保持に腐心しているのである。

これらの伝統的な木材の使用に対し、現在では二次加工した木質系材料も広く用いられ、これらでは木の繊維方向の強弱という特性を生かしている。たとえば集成材《しゅうせいざい》では板を貼り合わせて材を形成しているが、木材では大径材や長大材は育成が難しいのに対して、集成材は理論上、どのような大きさのものも造ることができるというメリットがある。さらに木の繊維方向をうまく組み合わせたものとしてはCLTがある。CLT(Cross Laminated Timber)は集成材と同じく板を層ごとに重ねるのであるが、繊維方向が直交するように積層接着することで、繊維方向に割れやすいという木材の弱点を克服している。このCLTは構造躯体として積極的に用いられており、アメリカやヨーロッパなどでは高層建築も建てられている。

以上のように、木は樹種、心材と辺材の違い、繊維方向によって特性が大きく異なるが、人びとはそれらを活かしてきた。なかでも日本では、木取りによって大きく変化する木の表情をくみ取ることで、木の文化が華開いてきたのである。

四　木を加工する

大工道具の基本構成

木材の加工道具は木製品ごとに異なるが、現在では多くの分野で電動の道具が用いられており、建築に関連するものでも電動の丸ノコ・ジグソー・ドリル・インパクトなどを用いることも多い。いっぽうで、前近代までは大工道具による手作業で、繊維方向に割れやすいという特徴は木の加工方法にも大きく影響している。主な木の加工には、切る(伐る)、斫《はつ》る、穿《うが》つ、削るという四つの方法があり、これに応じた基本的な道具はオノ(ヨキ)・ノコ、チョウナ、ノミ、カンナである(図1-5)。

繊維と直交方向に刃を入れて、木を切断するにはオノ・ノコが用いられる。オノは杣における伐採や荒加工で用いられる。木の繊維を切断するだけではなく、繊維方向にオノをふるって、樹皮を削り飛ばすこともある。

ノコには繊維を切断する横挽きと繊維方向に切る縦挽きがあるが、古代のノコは繊維を切断する横挽きのノコのみであった。また日本のノコは引いて使うが、押したほうが力を入れやすいため、世界的にみると押して使うものも多い。ただ、引いて使うことで加工精度を高めることができるため、このノコの使い方も精巧な日本建築を造り上げた要素のひとつであった。加えて、日本で用いられた樹種が比較的柔らかいヒノキやスギであることもその一因であろう。木の樹種選択が道具の使い方にも影響を及ぼしたのであり、まさに日本独特の木の文化の表れである。

釿りは木の表面を繊維に沿って削り飛ばす加工で、序章でも紹介したチョウナが用いられる。チョウナは一般にはなじみの薄いものかもしれないが、曲がった柄に刃を取り付けた道具である。木の表面の凹凸を平滑にするとともに、民家や城郭などでは仕上げとしても加工痕がみられる。現在、チョウナは立って使うが、中世には坐って使っていたようである(図1-5)。

ノミは材に穴を穿ったり、継手《つぎて》・仕口《しぐち》(木材どうしのジョイントの加工部)を造りだしたりするのに用いられ、柄の尻に金輪をはめて叩く叩きノミや、叩かずに押して使う突きノミがある。仏像の彫刻などにもノミは用いられ、木の文化に欠くことのできない多用途に適した道具である。

またカンナは木材の表面を平滑にする仕上げの道具で、鏡のように水平で吸い付くような仕上げは芸術的でさえある。ただし、こんにち一般的なダイガンナは中世以降に登場したもので(第三章参照)、古代にはヤリガンナを用いていた。ヤリガンナは文字どおり、槍のような長い柄の先に刃を付け、材を薄く削り取る道具で、ダイガンナに比べて削れる範囲は狭く、笹の葉

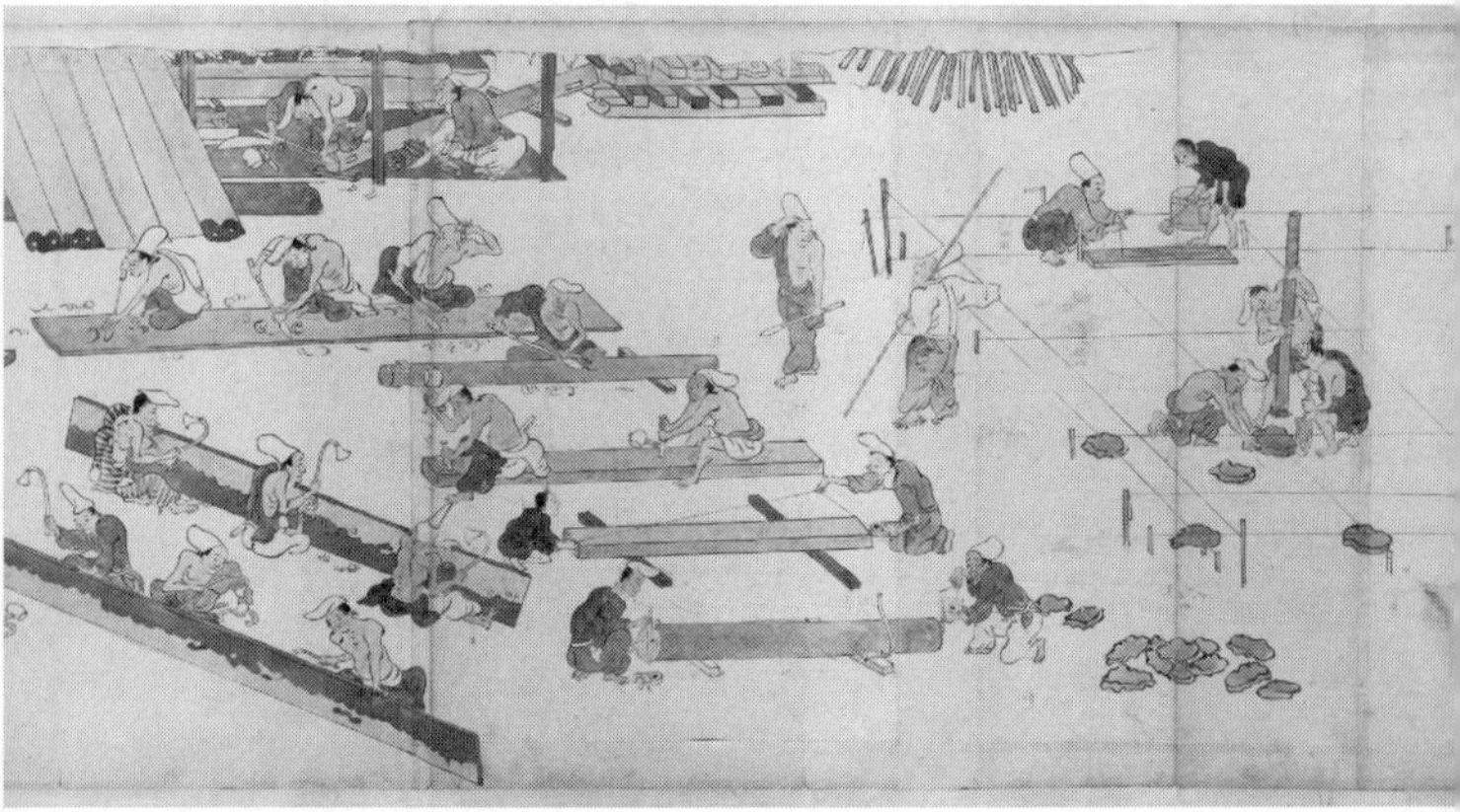

図 1-5 「春日権現験記絵」(天明 4 年模本)に描かれた造営現場

状の筋のような加工痕となり、この細い幅ごとに平滑にしていく。

これらの木材の加工道具の基本構成は古代にはすでにみられるが、時代とともに変わっていき、それにともなって加工方法にも変化を生み出し、材自体の使い方や稀少性にも影響を及ぼしたのである。

描かれた造営現場や大工道具

造営現場は中世以降、「春日権現験記絵《かすがごんげんげんきえ》」、「松《まつ》崎《ざき》天神《てんじん》縁起《えんぎ》絵《え》巻《まき》」、「法然上人絵伝《ほうねんしょうにんえでん》」などの絵巻に描かれており、そこには大工道具も登場する。なかでも、鎌倉時代の「春日権現験記絵」は春日権現の霊験を描いたもので、社殿造営の様子がありありと表現されている(図1-5)。烏帽子をかぶった、現場を仕切る棟梁らしき人物が左手に間竿《けんざお》を

もち、ヤリガンナを持った工匠へ何か指示を出している。工匠以外にも童子、給仕の女性なども描かれており、作業を手伝う様子がみられる。たとえば、棟梁の右方では、礎石を据える前段階として、工匠が水糸を張ろうとしているが、その隣で童子が細長い箱に水を入れている。この箱をミズバカリといって、水糸を張るために水平を調べる手伝いをしているのである。

木材加工の様子をみてみよう。棟梁の下方では、丸太の木口に曲尺《かなじゃく》を当てて、工匠が童子とともに墨打ちをしている。その近くでは、材を割るためにノミで筋を付けたり、チョウナをふるって荒加工しており、その上方ではヤリガンナで板の表面を仕上げている。また、立てかけられた木材や積み上げられた木材をよくみると、端部に穴が開いている。この穴は筏穴(エツリ穴・メド穴ともいう)

といって、材の運搬の際に縄をかけるためのものである。現代のように製材された木材が現場に運ばれてくるのではなく、木材の加工の大半は現場作業であった。

また「松崎天神縁起絵巻」の造営現場では、きぬがさを差しかけられ、烏帽子をかぶり、手に扇子を持った貴人が材に腰かけている。その左手に、やはり間竿を持った棟梁とみられるひげ面の男が立っている。建設中の建物は桁行三間、梁間二間の規模で、礎石のうえに柱が立てられ、柱の上には三斗《みつと》の組物や桁が組まれている。さらに柱の外側には掘立柱の足場が組まれ、高所作業に従事している。この「松崎天神縁起絵巻」では地上から柱の上に板を手渡ししているが、「法然上人絵伝」には、滑車(ロクロ)を用いて木材を引き起こす様子が描かれており、機械のない時代の知恵がみえる。これらの造営現場の活気ある描写からは、木を扱う職人たちの息遣いが聞こえてくるようである。

第二章　豊かな森のめぐみ——古代

一　豊富な資源が可能にした大量造営の時代

山から木を得る

前近代の日本を通観すると、いくつかの造営ラッシュの時代がある。古墳の築造の時代、戦国期の混乱を経た後の近世初頭、幕末から明治期の西洋建築の導入期がその代表である。これらと並んで、七~八世紀もまた、仏教の公伝以降の寺院建築や都城の建設など、大きな造営ラッシュの時期で、集住により使用する木材の量は古墳時代以前とは雲泥の差であった。これを支えたのは、日本列島の豊富な森林資源である。

最古の本格的寺院とされる飛鳥寺《あすかでら》(奈良県明日香村、六世紀末頃)の造営をみると、材の入手に

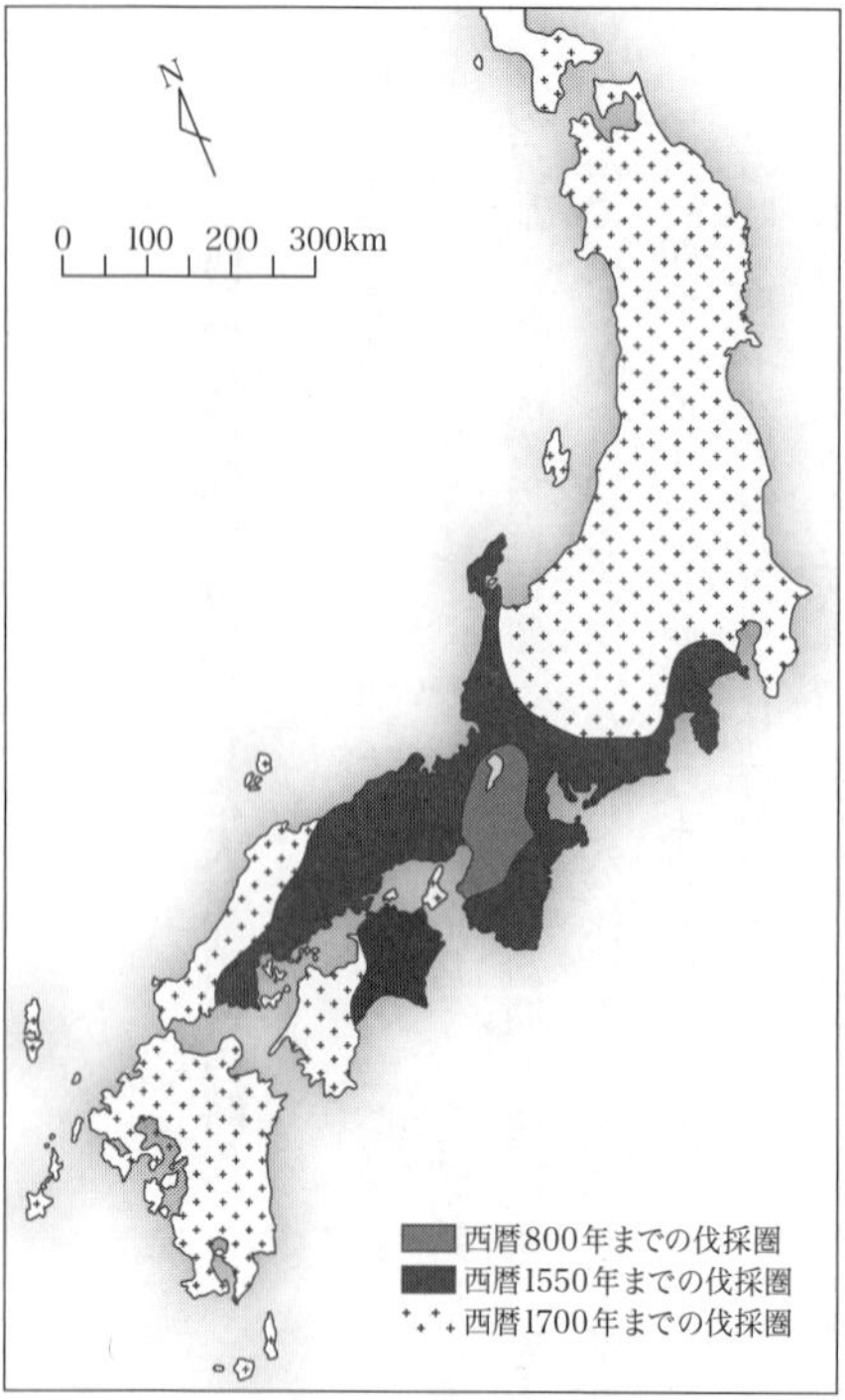

図 2-1　各時代の記念的な建造物のための木材伐採範囲

（上図はコンラッド・タットマン『日本人はどのように森をつくってきたのか』にもとづくが，同『日本人はどのように自然と関わってきたのか』築地書館，2018年では，年代区分が変更されていることを付記しておく）

苦労している。必要な木材の量の把握には、建物全体の設計をすることが必要で、設計にもとづく木材の必要量の見積もりを経て、ようやくに山から木材を伐り出す杣取《そまど》りに至る。そして、運搬のための労働力・インフラの準備はもちろんだが、そもそも材を入手できる支配地域・安定した社会が背景にあって初めて可能になるのである。近世以前の記念的な建造物に用いられた森林の範囲をみると、畿内から拡大していく様子が表れており、その歴史的展開が看取できる(図2-1)。

さらに木は伐採してもすぐに使えるわけではなく、河川などを利用して運搬する過程で樹液が抜けて水と入れ替わり、これが乾燥されてようやく木材として使用可能となる。現在は機械による人工乾燥も多いが、近世以前には運搬時間が長く、これが木の自然乾燥の時間として効果的であったとみられる。

飛鳥寺の建立においても、その造営には長い準備時間を要している。『日本書紀』によると、崇峻天皇元年(五八八)に百済から倭国へ仏舎利・僧・技術者が送られ、同年には敷地選定を済ませて立ち退かせている。いっぽうで崇峻天皇三年(五九〇)になって、ようやく山に入って材を探し求め、同五年(五九二)に仏殿と歩廊の起工にこぎ着けた。計画から杣入りまで二年、起工までさらに二年を要している。起工後も順次、木材の供給は不可欠であったろうから、寺院造営のための材料確保には長い時間がかかったのである。

材料に頼った建築

豊かな森林環境が大量の造営を可能にしたことは、現存する古代建築の特徴にも表れている。法隆寺を例にとってみてみよう。法隆寺は最古の木造建築である金堂《こんどう》のある西院《さいいん》の一画と、夢《ゆめ》殿《どの》を中心とする東院《とういん》の一画から構成されている。かつて西院の建立年代をめぐって、再建・非再建論争が繰り広げられたが、現在は厩戸皇子(聖徳太子)の建立した若草伽藍《わかくさがらん》が天智天皇九年(六七〇)に焼失し、西院はその後に建てられたものとされる。東院は奈良時代、天平一一年(七三九)に夢殿が建てられ、それ以外の建物の多くは鎌倉時代に整備された。このうち西院の建築には、ひときわ木材資源の豊富さが表れているのである。

一般的に太い材は細い材よりも強度が高く、巨大な建築を造るために太い材は有効である。これは建物全体の規模のことだけではなく、柱間(柱と柱の間)を拡大する際も同様である。大空間を作るには柱間を拡大しなくてはならない。それには太く長い梁が不可欠で、それを支える柱も太くすることが求められる。これらの太い材料や長い材料は巨木から製材する必要があるため、材料の面でも貴重である。さらに、貴重という意味では一枚の板で作る扉板などに用いる幅広の板も忘れてはならない。板自体は薄いものであるが、幅広の一枚板はその幅以上の径の木からしか採材できないからである。

このように巨大な材は古代建築の特徴のひとつで、未成熟な建築構造を巨材の材料特性で克服しているのである。西院は金堂・五重塔が東西に並立し、そこを廻廊がめぐり、正面には中門が開いているが、これら四つの建物には太く、長い材料が用いられている。

まずは柱。柱径(柱の太さ)は金堂で約六〇㎝、最大約六六㎝、五重塔で約四七㎝、廻廊でも約四二㎝もある。現在の一般的な木造住宅の柱が一〇㎝程度であることと比べても、その太さは圧倒的である。そして廻廊の柱がわかりやすいが、下から三分の一ほどの位置が最も太くなっており、これを胴張りという。

柱間に対する柱の太さ(柱の太さ÷柱間)は材の木太《きぶと》さを表すひとつの指標で、法隆寺金堂では、桁行中央の柱間でみると、柱間約三・二ｍに対し、柱径が約六〇㎝であるので、〇・一九となる。五重塔では約二・六八ｍに対し、約四七㎝であるので、〇・一八となる。これをみると、塔や金堂などの古代の主要な建物では比較的数値が大きい、すなわち木太いという傾向がある。

これに対して、廻廊では比率〇・一〇程度で、塔や金堂に比べると細い。同じく僧房などのバックヤード的な建物でも細く、東室では柱間約三・二ｍに対し柱の太さ約三四㎝で、比率〇・一一と小さい。このように柱間寸法に関係なく、主要建物は木太い材が用いられるという傾向があるのである。ただし、主要堂塔でも、たとえば近世の二重の屋根がかかった五間門《ごけんもん》(桁行の柱間が五間の門)である根来寺《ねごろじ》大門《だいもん》(和歌山県岩出市、弘化二年〈一八四五〉)では、この比率が〇・一二と小さく、建物の規模に比して細い材料で建てられている。

この違いは技術と材料の両面に由来する。詳しくは第三章で述べるが、ひとつには、中世に入り、巨材の確保が難しくなったことが背景にある。すなわち、豊かな森林環境を享受した古代とは異なり、材料供給の制約が生じたのである。もうひとつには、材料の供給面との関係もあるが、技術的に中世以降、小さい材料で建設できるようになったことがある。これに対して、古代には利用可能な森林は広大で、そこから豊富に巨材を得ることができ、これを背景に巨大建築を造り上げた。古代建築の技術は中世、あるいは近世のように精緻で成熟したものではなく、材料自体の構造的な強さに依存している部分が少なくなかった。いわば、古代建築は豊富な森林資源の恩恵に頼って成立しているのである。

そして法隆寺金堂の内部に入ると、巨大な一枚板で作り出された扉が目に付く。約一〇〇㎝もの幅があり、巨木から製材したことが知られる。複数の幅の狭い板を並べて、上下を端喰《はしばみ》で止めて板戸を作ることもできるため(図2-2)、この一枚板の板戸には巨材を使うことができることを示す威信財としての効果もあろう。

建具のなかでも扉は木材の歴史と深く関わっている。一枚板や端喰の板戸は厚板を用いるため、非常に重く、通常の使用には不便である。そのため、さらに幅の細い薄い板を裏桟に打ち付けたり、周囲に桟を廻して桟の両面に板を貼ったりした板桟戸《いたさんど》を用いることで、軽量化がなされた。さらに中世以降には、扉の周囲に桟をめぐらせて、桟の間に薄い板を挟み込んだ桟唐《さんから》戸《ど》が登場する。この桟唐戸は非常に軽量化され、かつ使用する木材も小規模となるため、材料面でも効率的である。その背景には後述するように木材供給の事情や加工道具の進歩があるのだが、このように扉ひとつとっても、木の文化が凝縮されているのである。

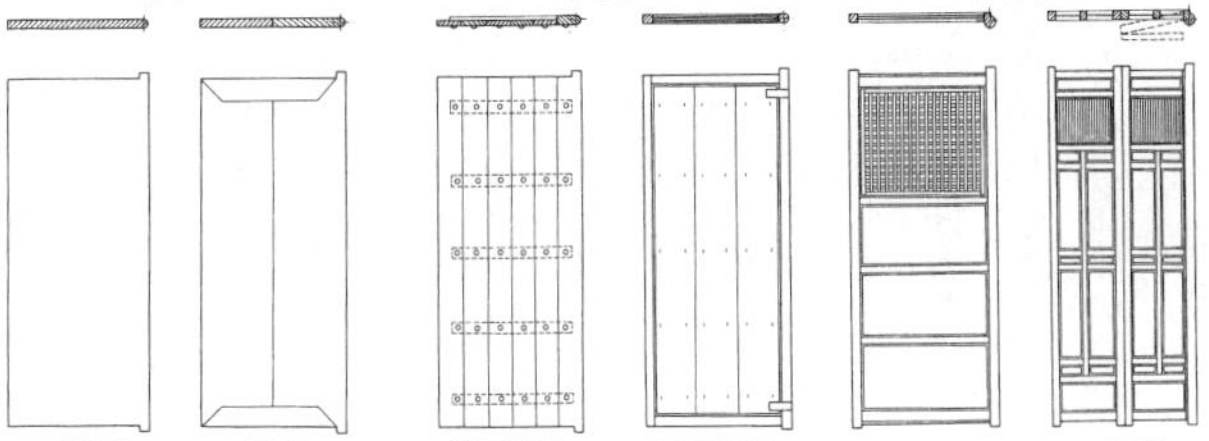

図 2-2　様々な扉の種類と木材の大きさ

さて次に五重塔に目を向けると、中心の心柱《しんばしら》の太さが際立っている。塔のなかでも心柱はとくに精神的に重要である。そもそも仏塔の起源はインドのストゥーパで、仏舎利《ぶっしゃり》を祀るものであった。このストゥーパが漢訳されて卒塔婆《そとば》となり、日本では塔婆、あるいは単に塔と呼ばれている。仏教が公伝して以来、本尊を祀る金堂とともに、高層の塔は重要なシンボルであった。また日本の塔は基本的に上層に登ることはできず、二層以上はみせかけの装置であり、中心の心柱を保護するために存在するといっても過言ではない。序章で述べた信仰対象の柱のように、まさに心柱は精神的な「柱」なのである。

法隆寺五重塔の心柱は基壇からやや埋まった心礎から立ち上がっているが、さらに古い飛鳥寺などの例をみると、完全に地面より下から心柱が立ち上がっており、地に根差したストゥーパの系譜を受け継いでいることがわかって興味深い。

ただし、柱は地面に接していると根腐れしやすい。そもそも礎石の上に柱を立てる礎石建物はこの根腐れを避けるための工夫で、七世紀後半以降の塔では基壇の上面に心礎を置き、そこから立ち上がっている。現存する薬師寺東塔(奈良市)もこの形式である。ここからみても、法隆寺五重塔の心柱には地中との強いつながりが見て取れる。

法隆寺五重塔の心柱は径約八八cmを超え、頂部の相輪《そうりん》まで延びており、高さは三〇mを超えるが、この心柱は一本(一丁材《いっちょうざい》)ではなく、二本の材を継いだ二丁材《にちょうざい》である。塔の初層内部では心柱の周囲を塑像が取り囲むため、それ自体を目にすることはできないが、仏舎利を納める心礎へとつながっており、まさに信仰の象徴なのである。

この心柱は年輪年代学法の調査結果から、その最外層が五九四年と推定されている。製材過程で樹皮に近い白太部分が削られていることを考慮しても、六〇〇年前後の伐採とみられる。現在の五重塔は火災後の再建であるから、伐採年と建立年に約一〇〇年の差があることになり、新たな課題も生み出された。心柱は巨材であるから、こうした貴重な材は杣などにストックしていた可能性もある。あるいは、前身や他寺院の塔の心柱を再利用したのかもしれない。法隆寺の歴史に対して、心柱一本がさまざまな想像を掻き立てるのである。

ちなみに金堂の初層外陣《げじん》天井板も、六七〇年の火災よりも古い六六七・六六八年頃の伐採とされている。火災前の部材が用いられていることを根拠に西院は非再建であると唱えることもできようが、これには再建前からの部材のストックやそれ以外の方法の可能性もある。軸部材などの主要な材については、建設計画後に杣から伐り出す必要もあろうが、天井板のような材は杣まで赴かずとも、ある程度、流通していたとも考えられる。つまり、七世紀後半の段階には、六世紀末の飛鳥寺建立の時のように造営計画に応じてすべての材料を杣に求める必要はなくなり、部分的であれ、木材の物流体制の整った社会であったことまでがみえてくるのである。

大量造営の時代

仏教とともに伝えられた寺院建築は氏族によって数多く建立され、畿内周辺のみならず、それ以外の地方においても古墳に替わって寺院が増加していった。とくに飛鳥の地では宮殿も加わり、造営に沸いたのである。都が藤原京・平城京に移るとさらに加速し、これらの都城には、天皇や貴族をはじめ、僧侶や民が集住し、都市が形成された。宮殿・大寺院・貴族住宅・条坊道路など、大量造営の時代を迎えたのである。

大量造営には労働力・技術者と、材料の両面で確保が必要になる。前者については、官が集中的に徴発・管理し、大工を頂点としたピラミッド型の体制を構築していた。テクノクラートである大工《だいく》・少工《しょうく》・長上工《ちょうじょうこう》らは企画・設計・見積もりなどに加え、技術指導をおこなったとみられ、彼らのもとで官に雇われた雇工《ここう》や単純労働者である雇夫《こふ》らが働いていた。古代の造営では材の運搬、大まかな加工などの労働力が中世以降の造営に比べて、大量に必要であり、この技術力や労働力の統括は有効な方法だったのである。

いっぽうで後者の材料確保への対応としては、建物の規格化や採材・製材作業の効率化が進められた。これらは材料供給の面で有用であるだけではなく、造営期間の短縮にもつながる工夫である。

具体的には建物の全体規模、柱間寸法を規格化することで、各部材の大きさも規格化することができる。先に述べたように柱間に対する柱の太さに一定の比率があるのと同様、律令制のもとで造られた建築には各材の比率に傾向がある。たとえば、大斗《だいと》という、組物を構成する一番下の部材(後述)の幅はほぼ柱径と同じであるし、梁間二〇尺を渡すために必要な梁はある程度、同じ大きさである。

こうした規格化や部材の共通化は採材・製材の面で大きな省力化を可能とする。宮殿では、平城宮内裏が一〇尺等間の方眼グリッドで柱配置が決まっており、規格化されていたことが知られる(図2-3)。この一〇尺方眼の柱配置は計画的な建物配置を可能にするだけではない。最大の利点は梁間を等しくすることで、柱や梁・桁の断面寸法や長さがある程度、規格化できる。大量造営のおこなわれた奈良時代において、こうした規格化は木材の有効利用と流通の面で、重要な役割を果たしていたのであろう。

また、古代に大量に造営された建築物として、倉庫を紹介したい。奈良時代の倉庫としては、断面を変形三角形の校木《あぜき》で組み上げた校倉《あぜくら》が有名であるが、現存建築のほかにも板倉や丸木倉などがあったことが、各国の正税帳《しょうぜいちょう》や寺院の財産目録である資財帳などの史料から知られる。現存する奈良時代の倉庫は正倉院に代表されるように校倉であるが、この校倉では独自の設計方法が用いられていることが近年の研究成果により明らかとなった。通常の古代の建物では、各柱間の寸法を八尺、一〇尺などキリのいい寸法とする完数尺で設計しているが、校倉の場合は、桁行方向・梁間方向の総長でキリのいい寸法となるように設計している。

この設計方法は、校倉が柱間ごとではなく、一丁材の校木を組み上げて各面の壁面を一体で構成することに起因するとみられ、それゆえに柱間ごとの寸法ではなく、総長で設計しているのである。実際、手向山《たむけやま》神社宝庫・東大寺本坊経庫（ともに奈良市）は

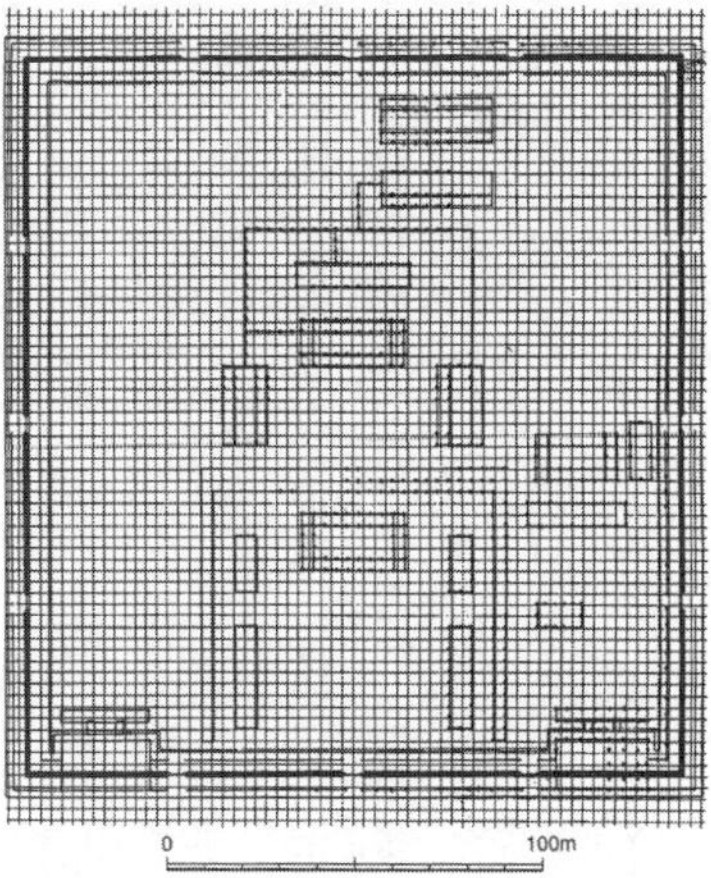

図 2-3　平城宮内裏の 10 尺方眼による設計

桁行三〇尺、梁間二〇尺と同じ規模であり、総長によって校倉を規格化していることがわかる。これらはもともと東大寺の油倉であり、大量に建てられた校倉の一部であったとみられる。

さらに寺院だけではなく、律令制下において、税の根幹である田租《でんそ》や出挙《すいこ》として稲穀《とうこく》や穎稲《えいとう》を蓄える正倉《しょうそう》は、重要な建物であった。具体的な徴税は地方でおこなわれるから、国衙《こくが》や郡衙《ぐんが》などの地方官衙（地方の役所）には多くの正倉が造られ、正倉院という一画が形成されていた。この正倉も規格化されていたが、『続日本紀《しょくにほんぎ》』によると、平面寸法ではなく容積による規格であったことが知られている。税の総量の把握という観点からであろう。ただし正倉の発掘遺構をみると、梁間三間、桁行三間の規模のものが多く、実際には平面による規格化もなされていたとみられる。いずれにせよ、正倉は大量に必要であったため、建物規模の規格化がうかがえる格好の例である。

板葺から檜皮葺へ

日本の伝統建築の屋根というと、瓦葺を思い浮かべやすいが、これは寺院建築とともに大陸から持ち込まれたものとされる。それ以前には、竪穴建物でも獣皮や樹皮・草・土などを用いて葺材としていた。とくに草葺や板葺は世界各地でみられ、手近にある植物性の材料が葺材に用いられたものである（図2-4）。この植物性の葺材は、伝統的な存在として瓦葺と対比的に位置づけられており、とりわけ神社建築では復古的な形式として用いられた。たとえば伊勢神宮や斎宮では「瓦葺」を仏教寺院の忌み言葉として用いており、植物性以外の葺材への対抗意識が強く表れている。

飛鳥時代以前の日本でいえば、飛鳥板蓋宮《あすかいたぶきのみや》という名の宮殿があり、板葺が美称であることからも、格式の高い葺き方であったこともうかがえる。すなわち、この宮殿の板葺は当時の一般的な建物には用いられない貴重で特別な葺材だったのであろう。

図 2-4　植物性の葺材.（上）檜皮葺,（中）厚板葺,（下）茅葺

この板葺にもさまざまな方法があり、一枚の厚板を葺くやり方と、薄い板を何層も重ねて葺くやり方とに大別できる。前者の厚板葺《あついたぶき》に対して、後者は柿葺《こけらぶき》という。厚板葺にも二つの方法があり、法隆寺金堂の裳階《もこし》の厚板葺の変遷を例に紹介しよう。

法隆寺金堂は瓦葺のイメージが強いであろうが、実は二重の瓦葺屋根の下に板葺の裳階が廻っている。この裳階の屋根をみると、厚い上板と下板が交互に重なって葺かれている。厚板は中央部がやや高くなっており、上板の雨水は下板に伝わる。これを大和葺《やまとぶき》というが、この葺き方は昭和の修理(昭和二九年〈一九五四〉完成)によって当初の形式に復原されたもので、それ以前は、厚板を同じ高さで葺いて、板と板の間を目板でふさぐ目板打《めいたうち》という方法であった。

いっぽう、柿葺は柿板という薄い板を重ねて葺く方法で、ヒノキ、サワラ、スギなどの柔らかく、木の目の通った木を割いて用いる。繊維に沿って材をめくることを「へぐ」ということから、ヘギ板ともいう。現存では法隆寺聖霊院《しょうりょういん》の厨子(弘安七年〈一二八四〉)が最古とみられ、これ以降に柿葺が増加し、足利義政が長享三年(一四八九)に建てた慈照寺観音閣(銀閣)がその代表として知られる。ノコなどによって繊維を切断するのではなく、木の繊維に沿って手で割った柿板は、繊維による凹凸ができる。そのため、柿板どうしが密着せずに空隙が生じ、雨水はその間を流れることができる。それゆえ柿板に雨水が浸み込まず、屋根葺材として効果的に機能するのである。ちなみに、柿板を採取するための木には素直に伸びて目が通っていることが求められ、節も良質な柿板の敵である。それゆえ、木を育む山の管理も不可欠で、山の維持と柿板の採取には相互に密接な関係があった。

寺社に出入りする柿職人は寺社の持山《もちやま》から木を選んで採取し、柿板を供給したのであるが、同時に良質な木を育成するために山の管理もしていた。つまり柿職人は寺社側からの手間賃と山から得られる木の利用の代償として、山の管理と建物の屋根葺材の供給の両面を担っていて、柿職人と寺社は共存共栄の関係だったのである。このように板葺ひとつをとっても、さまざまな葺き方があり、その背景は木材を供給する山までつながっている。

もうひとつ日本では伝統的に、格式高い葺き方として檜皮葺が用いられている。檜皮葺はヒノキの樹皮を剝ぎ、それを何重にも重ねて葺材とするもので、その軒反《のきぞ》りや蓑甲《みのこう》(屋根の両端部分)などのラインは緊張感と柔らかさを兼ね備えた美である。古代の檜皮葺の方法は明らかではなく、現在の檜皮葺とは異なると考えられるが、ヒノキの植生が日本列島や台湾に限られることもあり、檜皮葺は日本独特の方法である。

檜皮葺は室生寺《むろうじ》五重塔(奈良県宇陀市)や出雲大社本殿などの寺社の主要建物に用いられ、「年中行事絵巻」などの絵巻でも平安宮内裏や貴族邸宅の屋根にみられる。檜皮が厚く重ねられて格調高い屋根を作っていることから、本瓦葺と並んで高級な葺き方とされる。ところが奈良時代以前の造営状況に鑑みると、檜皮葺は必ずしも格式の高いものではなかったようである。

その背景には、建材としてヒノキを大量に用いていたことがある。製材の過程で檜皮も大量に生みだされたとみられ、檜皮は供給面で有利な葺材だったのである。すなわち、材料的に高級品というよりは、ヒノキを木材としてだけではなく、樹皮まで余すことなく使うことで、美しい日本建築を造り上げたのである。

檜皮葺の歴史は古く、奈良時代以前の寺院でも用いられている。天智天皇七年(六六八)に近江国に崇福寺《すうふくじ》を建立したことが『扶桑略記《ふそうりゃっき》』(平安時代末期)に記され、金堂・講堂・三重塔などの諸建築が檜皮葺であったことが知られる。このほかにも正税帳や資財帳をみると、檜皮は必ずしも中心の堂宇だけではなく、倉や付属屋などにも用いられている。奈良時代の法隆寺東院の様子は「法隆寺伽藍縁起《ほうりゅうじがらんえんぎ》 幷《ならびにる》 流記資財帳《きしざいちょう》」からみてとれ、八角仏殿(夢殿)・講堂・僧房は瓦葺であったが、廻廊・二つの門・付属屋は檜皮葺であった。西大寺や大安寺(ともに奈良市)の資財帳をみても大半が檜皮葺であったようで、寺院建築にも檜皮葺は普及していたのである。

奈良時代の貴族邸宅では中心建物を檜皮葺、付属建物を板屋、すなわち板葺の建物としていることから、板葺よりも格式が高かったことがわかる。つまり飛鳥時代から奈良時代に入り、瓦葺はともかくとして、植物性材料の中では板葺から檜皮葺に格式の中心が移っていったのである。いっぽうで、『万葉集』にはヒノキや杣に関する歌はみられるにもかかわらず、檜皮の屋根の美しさを歌ったものはみられないことからも、檜皮葺は後世ほどの格式高い葺き方ではなかったと考えられる。

これらの檜皮葺や板葺などの植物性の葺材は神社を中心に展開するが、平安時代以降の寺院では、山林寺院を中心に檜皮葺の仏堂や塔も増加している。檜皮葺も建築の国風化の傾向のひとつとされ、美しい重厚感のある建築を生み出したのである。

檜皮の採取と檜皮葺の請負

奈良時代の石山寺(大津市)においても、仏堂・僧房・鐘楼がいずれも檜皮葺であったことが、造営に関わる一連の正倉院文書から明らかになっている。この文書には檜皮の採取に関する記述があり、技術者の活動も垣間見える(海野聡『奈良時代建築の造営体制と維持管理』)。先に述べたように奈良時代の造営は官が主導しておこなうことも多く、その技術者は官の直属、もしくは直接の雇用によるものが主であったが、いっぽうで、石山寺の造営では、これら官の技術者とは別の独立した技術者(様工《ようこう》という)の活動が確認できる。

石山寺の仏堂や僧房の造営では、檜皮の採取や檜皮葺を二つのグループの様工が担っていた。その時の様子をみてみよう。天平宝字六年(七六二)、まず様工の力部広万呂が檜皮葺の作業の分担を請負うために、官から支払われる食料と功銭《こうせん》(賃金)の条件を造石山院所《ぞういしやまいんしょ》に申請している。

これは官からの条件提示にもとづく様工に対する作業分担ではなく、様工力部広万呂による主体的な請負作業の条件提示である。そして申請の条件を保証するため、官の技術者である長上工の船木宿奈万呂と領《うながし》の品治、番上工《ばんじょうこう》の丸部小公らが連署している。

様工の請負も独占的なものではなかったらしく、力部広万呂が他の様工集団よりも優先的に仕事を獲得するために、自身の提示条件の妥当性を官の技術者の連署によって保証してもらうことで官の信頼を期したのであろう。

また仏堂の檜皮葺では様工の羽栗大山も分担しており、その請負条件の記述には、羽栗大山ら五人は心を同じくしており、もし欠員が生じた場合には、他の四人が必ずおこなうということまで付記されている。欠員に対する連帯保証は力部広万呂の申請の文書にはみられず、羽栗大山の独自の手法で、官の側の信頼を得ようとしたのであろう。この羽栗大山は檜皮葺以外にも檜皮採取の請負を申請しており、材料の確保、すなわち山におけるヒノキとのかかわりも確認できる。先述の柿職人の例と同じように、檜皮という材料の確保と檜皮葺という材料の使用の両面を担う技術者が奈良時代には存在していたのである。

二　産地から現場まで――どのように運ばれたか

杣から現場への運搬

古代には藤原京・平城京・難波京・恭仁京・長岡京・平安京と数多くの造都がなされ、宮殿や寺院で多くの建設活動が展開していた。すでに触れたように、遷都にともなう造営の規模は破格であり、そこで用いられる木材の量も膨大であった。そのため、近隣の山林のみでの確保は難しく、遠方から木材を運ばざるを得なかった。では運搬手段の限られる時代にあって、どのように大量の木材を運んだのであろうか。

その様子は『万葉集』五〇番歌の藤原宮の役民《えきみん》の歌から知ることができる。

やすみみし　我が大君　高照らす　日の御子　荒栲《あらたへ》の　藤原が上に　食《を》す国を　見《め》したま
はむと　みあらかは　高知らさむと　神《かむ》ながら　思ほすなへに　天地《あめつち》も　寄りてあれこそ
石走《いはばし》る　近江の国の　衣手《ころもで》の　田上山《たなかみやま》の　真木さく　檜《ひ》のつまでを　もののふの　八十《やそ》宇
治川に　玉藻なす　浮かべ流せれ（後略）

これによると、近江国の田上山（大津市）からヒノキを伐り出し、水運で藤原京まで運んでいることがわかる。

水に浮く木材にとって、水運は最適であり、前近代を通じた主要な運搬手段であった。田上山からは平城京へも木材を供給しており、まず瀬田川から宇治川・巨《お》椋池《ぐらいけ》を経て、木津川に入り、奈良盆地の北の泉木津（現在の木津川市木津）まで運ぶ。そして泉木津からは陸揚げされて平城山《ならやま》を陸路で越え、奈良盆地に入るのである。この平城山越えの材木ルートは江戸時代の東大寺大仏殿の再建の時にも用いられている(第四章参照)。とはいえ、藤原京までは距離があり、奈良盆地では佐保川などの河川に加え、藤原京内など、大きな川のないところは運河を掘って輸送する方法もあった。藤原宮ではこれらの運河が発掘調査で判明しており、最終的には運河を埋め立てて宮殿を建設していることが明らかになっている。発掘調査では建築部材がみつかることもあり、「石山寺縁起絵巻」(図2-5)に描かれているように、端部に筏穴という小さな穴が開いていることも多いが、ここに縄をかけて筏を組んだり引っ張ったりしたのである。

近江国の杣は奈良時代にも展開していたことが、奈良時代の造営文書から明らかになっている。これによると、田上山のほか甲賀にも、東大寺や石山寺の建設のための木材の確保の場として甲賀杣が設けられた。あわせて、伐り出しや運搬のために山作所《やまつくりどころ》や矢川津《やかわつ》などの川津が置かれた。この甲賀の一帯は奈良時代以前にすでに伐り出し場であったようで、平成一七年(二〇〇五)に甲賀市甲南町新治で七世紀に伐採されたとみられるスギの巨木が発見されている。『万葉集』に詠われた前述の田上山の杣と同じように、森林資源の豊富なこの地は重要な木材供給地だったのであろう。甲賀・信楽・田上山などの近江南部の山林は、古代の中央政権との密接なかかわりのなかで開発されていたのである。

奈良時代の主要な寺院の木材供給を諸史料からみると、興福寺西金堂《さいこんどう》のヒノキは泉木津を経

図 2-5　「石山寺縁起絵巻」に描かれた材木運搬の様子

ており、東大寺講堂は甲賀、法華寺金堂は伊賀・高島などに確認でき、近江国が有力な供給地であったことは疑いない。これに加え、瀬戸内海を経たルートも確認でき、たとえば東大寺大仏殿の五〇本の柱は播磨国の山作所で採取されたと推定されている。また講堂や僧房の材も難波を経ており、近江国からの材ではなく、瀬戸内海経由とみられる（栄原永遠男「難波宮の造営と材木の供給」）。近江からの材も難波からの材もいずれも木津川を遡って泉木津に集まる。そのため泉木津には、東大寺、大安寺、薬師寺、西大寺などの造営のための造寺司や諸大寺によって木屋所という木材集積所が設けられていた。これは泉木津における木材の売買に経済的メリットがあったからで、「泉津□〔上カ〕材」「買材木泉津」などと記された平城宮出土の木簡があることから、泉木津で木材が売買されていたこともわかる。この泉木津は木材の一大集積地であり、交易地だったのである。

このように都城が形成され、一時期に大量の造営がおこなわれるようになると、その源たる木材の供給システムも成熟していった。それを支える水系は木材の供給地たる杣と消費地たる都市部を結ぶ動脈であり、各地への流通の要衝の地では、交易も大きな役割を果たしていたのである。

木材の運搬と動物の酷使

しかし、大量造営にともなう木材の運搬にかかる労力は、やはり計り知れないものであった。水運はともかくとして、陸路では人力で修羅《しゅら》などを用いた運搬もなされており、これに加えて動物の力も活用していた。藤原京の発掘調査ではウマ・ウシ・イヌ・ニホンジカなど多くの動物の骨が藤原京造営期の遺物として発見されており、出土した骨のうち約三分の一がウマであった。ウマは騎馬をはじめとする乗馬用が主であったが、『律令』の「厩牧令《くもくりよう》」一三の牧馬応堪条によると、牧の馬のうち、乗馬に耐えるものは軍団に配属すると規定するが、逆にいえば乗馬に耐えない運搬用の馬が多く含まれていることを示しているとされ(山口英男「文献から見た古代牧馬の飼育形態」)、運搬に畜力も利用していたことが知られる。

また環境考古学の研究成果によって、出土した骨からは当時のウマの大きさや年齢がわかっている。ウマの歯のエナメル質は飲み水の酸素同位体比と深い関係があり、その酸素同位体比の分析からウマの産地が推定でき、これによると東日本産が多いという。東日本では甲斐国がウマの産地として知られ、百々遺跡《どうどう》(山梨県南アルプス市)では平安時代を中心に多量のウマの骨が出土しており、藤原宮で出土したウマには、百々遺跡出土のウマ集団と飲み水の酸素同位体比が一致するものがあるという。藤原宮造営のために遠くからウマが連れてこられたのである。いっぽうで、同じくウマの産地であった畿内や九州のものは少ない。

藤原宮造営期のウマにはある特徴があるという。それは死亡年齢で、四条遺跡(橿原市)、難波宮跡、森の宮遺跡、長原遺跡(いずれも大阪市)などのウマでは死亡年齢は幅広い値を示すのに対し、藤原宮跡では三〜五歳に集中していた。これらのウマの多くは歯の分析によると四歳以降に藤原宮に持ち込まれたと考えられている。すなわち藤原宮のウマは、持ち込まれてすぐに比較的若いうちに死亡しているのである。これは酷使が原因で、藤原宮の造営、とくに材料運搬の過酷さを示しているという(山崎健「藤原宮造営期における動物利用」)。

ウマの短寿命が造営運搬での酷使と直結するかについては、検討の余地があろうが、藤原宮の一頭のウマの骨からもその様子を推察できる。飛節(足根関節)を構成する距骨と中心足根骨に異常がみられ、肥大してスポンジ状になっていることが報告されている。これは飛節内腫の症状で、過度の運動によって炎症を引き起こしやすく、競走馬や役畜にみられる。藤原宮造営の木材運搬が役畜の酷使の上に成り立っていたことは想像に難くない。

そのウマたちの苦労の一端をうかがうべく、藤原宮大極殿の材の大きさをみてみよう。藤原宮大極殿は八世紀の相次ぐ遷都にともなって、平城宮第一次大極殿に移築され、さらに恭仁宮(木津川市)大極殿に移築されており、恭仁宮大極殿はさらに山背国分寺金堂(木津川市)に転用された。そのため平城宮や恭仁宮の発掘調査や礎石から、藤原宮大極殿の規模を推定することができる。これによると、桁行約四四・〇m、梁間約一九・五mという巨大な規模で、柱径は約七〇cmと推察され、この巨大な柱が四四本も用いられている。もちろん大極殿以外にも多くの施設が建てられたから、藤原宮の木材運搬量は推して知るべし、である。

ちなみに、奈良時代の東大寺大仏殿の部材については、『七大寺巡礼私記《しちだいじじゅんれいしき》』(一二世紀中頃)によると、柱の大きさは末口径三尺(約九〇cm)、本口径三尺八寸(約一一四cm)で長さ七丈(約二一m)の柱が二八本、長さ六丈六尺(約二〇m)の柱が二八本、長さ三丈(約九m)の柱が二八本であったという。このように巨大建築を支えるために多くの木材が運ばれたのであるが、この東大寺造営の木材は藤原宮の時と同じく、田上山から伐り出されたものを使用しており、水運を用いて泉木津まで運び、そこから平城山を越えて東大寺に運び込まれたとみられる。この破格の規模の東大寺大仏殿の木材集め・運搬は、鎌倉時代、江戸時代の再建においても苦労している(第三・四章参照)。

流通からみた材の規格化

多くの人が都市に集まると、食料をはじめ大量の物資が必要になり、同様に、熱源とする薪炭も大量消費するようになる。平城京の人口は五万とも一〇万ともいい、必要な薪の量は膨大であった。その規格化には効率的な方法が採られ、『律令』の「雑令《ぞうりょう》」二六の文武官人条によると、文官・武官は毎年正月十五日に、位階に応じて薪を進納することが定められている。その長さについては七尺(約二一〇㎝)を基準としている。このように都市生活に欠くことのできない薪も規格化されていたのである。

建築も同様で、大量の造営をおこなう際には、膨大な量の木材が必要であり、先に述べたように材の規格化は建設プロセスを省力化するのに有効な手段であるので、改めて触れておきたい。というのも、材の規格化はプレハブ住宅や2×4(ツーバイフォー)のように単に現場における加工の手間を減らすだけではなく、山における採材、あるいは流通にも大きな影響を与えるからである。

造営に使う木材の大きさがバラバラであると、それぞれを一品生産としなくてはならず、非効率的である。とくに大量造営においては材の規格化が効率の向上に大きな役割を果たす。なかでも最も有効なのは、平面による規格化である。平面を統一することで柱・梁・桁・垂木などの基本的な構成部材は規格化することが可能である。それが最もよく表れているのが、前述の地方の正倉や平城宮内裏の一〇尺方眼グリッドによる建築などであった(図2-3)。

古代の史料には、具体的な木材の規格化を示す記述はほとんどみられないが、榑《くれ》の流通寸法に対する規制が、律令を補足する法令に記されている(『類聚三代格《るいじゅさんだいきゃく》』所収延暦十年六月二十二日付太政官符)。榑とは、厚板のことで、この史料によると、木材を出す国に対して榑の規格を長さ一丈二尺、幅六寸、厚さ四寸とすべきことが定められている。この規定通りに材の規格化が進んだかどうかは明らかではないが、少なくとも規格化によって効率的な流通を志向したことがわかるのである。

三　適材適所の利用——各地の事例から

硬いケヤキの利用

第一章で述べたように、木は樹種により構造特性が大きく異なり、用途にも向き不向きがある。縄文・弥生時代には多様な樹種が用いられたが、奈良時代以降、建材にはヒノキが好まれた。いっぽうで、ヒノキ以外の樹種も適材適所で用いられている。このヒノキ以外の樹種の利用の実態をみてみよう。

そもそもヒノキは加工が容易であり、さらに狂いも少なく、比重も比較的軽い。さらに硬すぎず、粘りがあり、耐久性が高く水・菌・虫にも比較的強いため、格好の建材である。ヒノキ特有の木目、色合い、芳香も相まって、日本の木造建築で好んで用いられた樹種のひとつで、法隆寺をはじめ、古代の諸建築はヒノキで建立されてきた。さらにいえば、古代に限らず長い歴史を通して、日本では高級建材としてヒノキは活躍してきたのである。

もちろん奈良時代の第一級の建築といえる薬師寺東塔(天平二年〈七三〇〉)も、大部分はヒノキで建てられているのであるが、部分的にケヤキが用いられている。これは、ヒノキが不足したからケヤキを代用品で使ったわけではなく、ケヤキを意図的に選択したとみられ、文字通り適材適所の使い分けには驚かされる。ケヤキは非常に硬い広葉樹で、木目が美しく、磨くと光沢が出るため、近世以降の建築では総欅造《そうけやきづくり》とするものも出てくる(第四章参照)。ただし、ヒノキと比べると、比重が大きく、硬くて粘りが少ないというその特性は梁や桁などの横架材には不向きで、とくに柱間の大きい古代建築では扱いにくい材であったとみられる。そのケヤキが薬師寺東塔に用いられているのである。

当然、桁や通肘木《とおしひじき》などの水平方向の材はヒノキで、ケヤキが用いられているのは塔本体の隅の大斗・肘木の部分のみである(各部材については後述)。この隅の部分には、屋根の隅を支える隅木が掛かって大きな荷重がかかるため、強靱にする必要があり、ここにあえて硬いケヤキを

図 2-6　薬師寺東塔の隅のケヤキの組物

選択したのであろう。さらに、この隅部分での荷重対策は樹種選択だけではなく、組物の構成にも現れている。組物とは、軒先を支え、荘厳《しょうごん》する木組みで、大斗・肘木などを組み合わせて構成している。通常、二つの部材を組み合わせる大斗と肘木をここでは一体化させることで、強化を図っている(図2-6)。ケヤキという樹種の選択と、特殊な組物の技法という二つの知恵がここに凝縮されており、これらを通して、古代の工人たちの木に対する深い理解がうかがえるのである。

コウヤマキと百済への輸出

さて『日本書紀』には樹種選択の方針が記されている。言い伝えによると、素戔嗚尊《すさのおのみこと》がひげを抜いて放つとスギの木、胸の毛はヒノキ、尻の毛はマキ、眉の毛はクスノキ(樟《くすのき》)になったという。その用途について、スギ・クスノキは舟、ヒノキは宮殿すなわち建築に、マキは棺に適していると述べた(巻一神代上)。史料の樹種名と植物分類学上の名称が一致するかという課題はあるが、現存建築にヒノキの用材が多いのはこの方針と合致する。いっぽうで、実際に発掘された古代宮殿の建築用材をみると、これとはやや異なる様相がみえてくる。実は、藤原宮や平城宮で出土した柱根(柱の下部が地中に埋まったもの)の多くはヒノキではなく、コウヤマキなのである。コウヤマキもヒノキと同じく建築用材に適しているのであるが、防水性が高いことに大きな特徴がある。

なぜ宮殿の諸建築でコウヤマキが多く用いられたかというと、ここには建築構造の違いも影響している。これもすでに触れたように、現存する古代建築はすべて礎石建物であるが、古代の宮殿の建築は大極殿院(大極殿のある一画)などのごく一部の中枢部を除いて、ほとんどは地面に穴を掘ってじかに柱を立てた掘立柱であった。掘立柱は根腐れしやすいため、これを防ぐべく、水に強いコウヤマキが選ばれてきたのであろう。

コウヤマキは水に強いので、屋根葺材にも適しているはずであるが、奈良時代の現存建築をみる限り、用いられていない。もちろん、屋根材は修理のサイクルが短いため、残りにくいことも一因であろうが、根腐れしやすい柱根に限定して用いられたのかもしれない。現存建築では、平等院鳳凰堂(京都府宇治市)の屋根下地がコウヤマキであることが修理時の調査で明らかになっており、これが最古級とみられる。平等院鳳凰堂は藤原頼通の発願により天喜元年(一〇五三)に建てられた仏堂である。藤原宮・平城宮の造営でコウヤマキを大量に消費したため、平安時代には入手困難であったとみられ、こうした状況下において、時の権力者であった藤原頼通が特別な材としてコウヤマキを用意したとも考えられる。

さてコウヤマキは、すでに述べたように世界でも日本列島にしかない木であるが、これが海外でも用いられており、朝鮮半島の百済の王陵、陵山里古墳群《りょうざんり》では、コウヤマキの木棺が多く発見されている。形や装飾から百済で加工されたとみられるが、コウヤマキの木材自体は日本から運ばれたもので、当時の倭国と百済の親密な関係を示す物証であろう。

なお韓国の出土木製品の樹種同定によると、コウヤマキだけでなく、スギやクスノキ、カヤなど、多くの日本列島産の木材が棺や船の材料に使われたことが明らかになってきた。木材が重要な交易品として海を渡っていたのであり、これらの対外交易を通して当時の日本列島の豊かな森林資源の存在と広がりが読み取れるのである。

ヒノキ以外の用材

建築以外の用材について、古代の正倉院宝物の木工品をみるとやはりヒノキが最も多い。いっぽうでスギ・イチイ・カシ・クリなど多様な樹種が用いられているだけではなく、外国産のタガヤサン・シタン・カリンなどもあるという(正倉院事務所編『正倉院の木工』)。

古代建築でも上述の薬師寺東塔のように、ヒノキ以外を用いる例も少なからず確認できる。その方法はヒノキと他の樹種を混用する場合や、ヒノキを全く用いない例と、さまざまで、ヒノキ以外の樹種もケヤキ・スギ・マツ・カツラなど、多様である。

硬く強靭であるケヤキを使った例はほかに、石山寺本堂・醍醐寺五重塔・法隆寺大講堂などがあるが、これらでも、荷重がかかる大斗・巻斗《まきと》・隅の肘木などの組物や、短い柱などに限定して用いられている。いっぽう、ケヤキ以外の使用樹種の拡大の例は、當麻寺《たいまでら》(奈良県葛城市)の東西塔の例にみることができる。

當麻寺は奈良盆地の南西部、二上山《にじょうざん》の麓に位置する古刹である。二上山は凝灰岩の産地として知られるほか、大和と河内をつなぐルートとしても重要であった。当麻氏の氏寺として開かれたが、治承四年(一一八〇)の平氏による南都焼き討ちの時に、興福寺と縁の深かった當麻寺も焼かれた。金堂・講堂は焼失後の再建であるが、東西塔は焼失を免れたようで、東塔は奈良時代末期、西塔はやや遅れた平安時代初期の建立とされる。

東西塔ともにいずれもヒノキとケヤキが混用されているが、とくに西塔ではヒノキ・ケヤキのほかに、斗・肘木にカツラを用いる点が特徴である。塔は寺院建築のなかでも重要な建築で、さらに斗や肘木などの組物はその見どころのひとつであり、ここがカツラなのである。つまり意匠上、主要な部分にもヒノキ以外の木が用いられるようになっている実例で、利用樹種の拡大を示している。近年、當麻寺西塔の二・三層部分の造営は平安時代後期まで下る可能性が指摘されており(大野裕典「奈良県 国宝当麻寺西塔」)、時代が下るにつれて、ヒノキの入手が困難になっていったのであろう。

これらは比較的小規模なケヤキの使用であるが、大規模にケヤキを柱に用いた例としては平等院鳳凰堂があり、西方極楽浄土を体現したかのような建築である。この頃には末法思想が広まり、西方浄土とその教主である阿弥陀に対する信仰が高まり、白河法皇による法勝寺や藤原道長による法成寺など、同様の浄土信仰の寺院が多数建立された。

平等院鳳凰堂は二重の屋根をもつ中堂と、そこから両側に広がる翼廊、背面に延びる尾廊からなり、ケヤキの柱は翼廊で用いられている。翼廊の構造は、梁間一間で二階建ての廊(二階廊)となっているが、上層には登れない。また下層も壁のない吹放しとなっており、開放的な構成であるが、そのために構造的には弱い。

そうした構造的課題は当時の人びとも認識していたようで、鳳凰堂を模して鳥羽上皇によって建立された勝光明院《しょうこうみょういん》(保延二年〈一一三六〉)でも二階廊を建立したが、これを担当した大工季《すえ》貞《さだ》は、二階廊は構造的に上層が重く、下層が弱いと述べている。そして季貞はこの二階廊の弱点への対策例として、法勝寺の二階廊で柱を三本(梁間二間)とすることで安定化を図っているさらに平等院についても、柱二本（梁間一間）であるが、「付木」によって構造弱化しているとして、二階廊の構造強化策を述べている（『長秋記《ちょうしゅうき》』保延元年六月一日条）。二階廊の下層が構造的に弱いという点を当時の人びとが知っていたとすると、翼廊の柱にあえて硬いケヤキの木を用いたことも、構造的配慮による適材適所の利用と考えられよう。これは中堂の柱や他の材がケヤキではなく、ヒノキを用いていることからも推察される。薬師寺東塔にみられる奈良時代以来のケヤキ材に関する知識が引き継がれていたと考えるのは憶測が過ぎるであろうか。

ケヤキ以外の材の使用についてもみてみよう。平安時代初期の建立とみられる室生寺金堂では、大部分にスギが使用されている。室生寺は奈良県と三重県の境に近い奈良盆地東方の山中にあるが、周囲にはスギの林が広がっている。もちろん奈良時代の植生がそのまま現在まで受け継がれているわけではないが、当時も周囲のスギ林から採材したのであろう。なお側柱（外周の柱）二本と入側柱（外周から一列入った位置の柱）一本にはケヤキが用いられているが、これは平安時代の天承元年（一一三一）の修理（『長秋記』）に該当する可能性が指摘されている。修理でこの三本のケヤキに取り替えられた可能性もあるが、建立当初であれ、修理時であれ、平安時代にはケヤキの柱が採用されているのである。

またスギの使用例としては、同じく平安時代建立の法隆寺綱封蔵《こうふうぞう》があり、ここではスギ以外にも多様な樹種が確認できる。柔らかいスギでは対応の難しい床板や扉板にはヒノキ、組物の大斗にはマツを用いており、樹種の特徴を生かした使い分けがなされている。マツが雑木として用いられた例は法隆寺東院の伝法堂《でんぽうどう》にもみられる。伝法堂は聖武天皇の夫人であった橘夫人が法隆寺に住宅を奉納して仏堂に変えられたものであるが、法隆寺への移築時にはマツによる補足材も多い。同様に當麻《たいま》曼荼羅《まんだら》を納める當麻寺曼荼羅堂は、奈良時代の前身建物のヒノキ材を転用しつつ、永暦二年（一一六一）に建てられたが、タブ・マツ・ケヤキ・クリなどヒノキ以外の材が補足された。奈良時代の現存建築は平城京やその周辺地域にある当時の高級建築であるため、ヒノキの割合が突出しているが、當麻寺曼荼羅堂のように平城京から少し離れた場所では、古代においても、ヒノキ以外の材も多く用いられる実態があったのである。

面白い例として、貞観八年（八六六）の常陸国の鹿島神宮（茨城県鹿嶋市）の用材と植林の話がある。鹿島神宮の二〇年に一度の遷宮のための材料調達では、それまで那珂川の奥地から木を伐り出し、海まで出して鹿島に運搬していたが、とても手間がかかっていた。そのため境内近くの空き地に生長の早いクリ五七〇〇本とスギ三四万本を植えて準備したという（『三代実録』貞観八年正月二十日条）。スギの本数はにわかに信じがたいが、クリは縄文時代にも栽培されていたから、身近な木だったのであろう。

このように、ヒノキ以外の建材もあるのであるが、ヒノキの使用は宮殿や大寺院などの官の造営に限られ、一般には、雑木を含めヒノキ以外の木が用いられていたのであろう。あるいは、ヒノキの良材は官の管理下にあったのかもしれない。薬師寺東塔のような樹種選択に明確な意図がうかがえる例だけではなく、ヒノキ以外の雑木を用いざるをえない場合もあったことを、現存建物に残された部材たちが語ってくれているのである。

ヒノキの植生限界と古代東北の建築

さて、ヒノキやコウヤマキの植生限界が福島県付近であると第一章に述べたが、このことは東北地方の建築用材にも影響を与えている。東北地方の古代の現存建築は限られるが、その樹種選択にも植生限界が影響を及ぼすのである。ヒノキ・コウヤマキはなくとも、東北地方には現在でも木曽のヒノキと並んで天然の日本三大美林とされる秋田のスギや青森のヒバがある。東北は良質な木材の産地でもあり、歴史的にも東北近隣の木材は優秀な建築材料であった。いっぽうで、東北でもヒノキやコウヤマキが全く用いられなかったわけでもなく、域外から持ち込まれており、そこには木材の広範囲の移動がうかがえる。

岩手県平泉町にある中尊寺金色堂には、東北地方における用材の特徴が色濃く表れている。中尊寺金色堂はその名の通り、軒先・内部の柱・壁などをすべて金で覆い、螺鈿《らでん》細工を施した豪華絢爛な建築で、現在は覆屋《おおいや》に入っている。天治元年（一一二四）に奥州藤原氏の初代清衡《きよひら》によって建立され、奥州藤原氏の権勢と財力を示す象徴的な建物であり、京に匹敵する高い文化を示す存在である。

この中尊寺金色堂ではアスナロを使用している。アスナロはヒノキ科の針葉樹（アスナロ属）で、東北地方に広く分布しており、青森ヒバとして現在でも名高い。ただ、すべてがアスナロ材で建てられているのではなく、屋根や軒の部材である垂木・裏板・裏甲《うらごう》、木瓦にはコウヤマキが使われている。先述のようにコウヤマキは耐水性の高い材で、雨水を防ぐために屋根に近い部分にこれを用いることは理にかなっている。屋根に近い部分の材は修理によって取り替えられてしまうことが多いためこれまで看過されてきたが、コウヤマキを屋根材に用いる手法が古代にあったのかもしれない。

ただし、この中尊寺金色堂のコウヤマキの使用は特殊である。植生限界が福島県付近であるため平泉周辺では採取できないはずであるから、コウヤマキがどこから持ち込まれたかは定かではない。『吾妻鏡《あずまかがみ》』（一三世紀末〜一四世紀初頭）によると、清衡の支配地域は白河関から津軽まで広範囲にわたり、現在の福島県も含まれている。ヒノキではなくアスナロが用いられていることとも合わせて鑑みると、コウヤマキも支配域外との交易によってもたらされたのではなく、支配域内で調達されたのではなかろうか。この推測にもとづくと、中尊寺金色堂は奥州藤原氏の支配領域をフル活用した適材適所の建築とみることができる。金色堂の見た目の華やかさだけではなく、用いられた木材を紐解くといっそう、奥州藤原氏の権勢がみえてくるのである。

古代の東北地方の現存建築は限られると述べたが、発掘調査により、古代の役所・軍事施設である城柵や郡衙で諸建築の遺構(跡)が発見されており、ここで出土する建築部材にはヒノキ以外の樹種が確認できる。その一例として、泉官衙遺跡《いずみかんがいせき》(福島県南相馬市)をみてみよう。泉官衙遺跡は行方郡を統括した行方郡家《なめがたぐうけ》(郡の役所)と推定されており、中枢施設である郡庁と、税として集められた米を納める正倉群が建ち並ぶ遺跡である。とくに郡庁は周囲を細長い建物で囲み、区画の中心に正殿を置いた整然とした建物配置をとる。こうした規則的な建物配置は、東北の政治・軍事拠点である多賀城や中央政権との強い関係性を示しているが、いっぽうで遺跡内の複数の建物の用材は発掘された柱根などの樹種分析により、クリが多いと判明している。つまりヒノキやコウヤマキを福島以南から運んできたのではなく、東北地方で縄文時代から身近な木であったクリを用いているのである。

クリは腐りにくく、近世にも民家の土台などに用いられるから、建材としての適性がないわけではない。しかし、中尊寺金色堂建立のためにコウヤマキを遠方より運んだことと比較すると、泉官衙遺跡の状況は大きく異なることがわかる。すなわち、建物の形や配置はともかくとして、使用樹種には在地性が強く表れているのである。

さて、東北地方のクリ材の使用はほかにも例がある。たとえば胡桃館遺跡《くるみだて》(秋田県北秋田市)は、

図2-7　胡桃館遺跡の土台建物

延喜一五年(九一五)の十和田湖の火山の噴火による火山灰や洪水によって建物がそのまま埋没したことで有名な遺跡である(図2-7)。とくに土台をめぐらせた建物の発見は、日本建築史の研究上も重要であった。日本では柱・梁・桁を組み上げる軸組構造が多いため、地面に横木をわたす土台を主たる構造とする建築の発見は画期的だったのである。ここでも、スギが土台・扉・柱・掘立柱・根太・床板・壁板・方立《ほうだて》など多くの部位に用いられている。さらに板は厚さ約三cmの割材で、木目の通ったスギは割りやすく、割板の製材にも適していたのであろう。このスギに加え、一部の掘立柱などではクリを用いている。クリは耐久性・耐水性に富んで腐りにくいため意図的に選択したとみられる。

ただ、前述のようにクリはその特性を生かして後世、民家で土台に用いられるのに対して、ここでは土台をスギとしている。この土台はそれぞれ長さが一二m、九m超で、断面も約三〇cm×四〇cmもある巨材であったから、巨材を確保するうえではスギが適していたのかもしれない(図2-8)。その端部には小穴があり、これは杣から現場へ運搬するために縄などを引っ掛け

図 2-8　胡桃館遺跡の巨大な部材

るためのメド穴であろう。またこの穴の反対側では、材の端部がななめに切られており、運搬時に岩などにあたっても割れないための工夫がみられる。出土したスギの巨材から、運搬の過程、さらには山の豊かな森林の様子までがうかがえるのである。

先に室生寺金堂について述べたように、東北に限らずスギは建築材料として用いられていたが、東北地方の古代遺跡での出土は顕著である。その代表例が、対蝦夷の軍事拠点として建設された城柵である。城柵は中央による影響がみられる軍事施設で、整然とした建物配置の政庁が置かれ、政務や儀礼が執りおこなわれた。ここに用いられた樹種をみてみよう。払田柵《ほったのさく》(秋田県大仙市・美郷町)では、周囲に角材による塀を廻らせており、やはりその樹種はスギである。このスギの塀に対し、門ではクリやナラの材を用いており、多様な樹種が選ばれている。同様の傾向は城輪柵《きのわのさく》(山形県酒田市)でもみられ、やはりスギを主体としつつ、クリやナラを用いているという。

とくにスギを主要な材とした例として、堂の前遺跡(酒田市)をみてみよう。この遺跡は平安時代の城柵・官衙に関わるとみられ、近隣には上述の城輪柵が位置する。柱間の大きな掘立柱建物の遺構が確認されているが、建築部材が多く出土したことで知られ、スギの長押や巻斗・肘木が発見されている。すなわちここでも他所からヒノキやコウヤマキを運搬してくるのではなく、おそらく在地のスギを使用しているのである。中央政府と密接に関わる城柵・官衙であっても、材の供給地と消費地が近いという地方の造営の実態の一面を示している。

また、スギ・クリ以外にも雑木を使用したことが、多賀城(宮城県多賀城市)や胆沢城《いさわじょう》(岩手県奥州市)から垣間見える。多賀城は奈良時代から平安時代にかけて陸奥国府や鎮守府が置かれた主要拠点で、政庁は正殿・脇殿・後殿・楼閣で構成され、さらに礎石・瓦葺が施されるなど、中央の影響が強い。いっぽうで、材木列や土留めとみられる丸太などにはナラ・クリ・クヌギなどの落葉高木の広葉樹が用いられており、こうした用途には樹種にこだわらない用材がうかがえる。胆沢城は古代城柵のひとつで、延暦二一年(八〇二)に坂上田村麻呂によって築かれた。ここではスギのほか、ケヤキ・モミ・クリなどが出土しているが、なかでも切り屑のあるスギ・クリは造営現場の加工材とみられ、これらが建材に用いられたと推定されている。ここにも地産地消という木材使用の方針が表れており、さらに現場で材を加工する古代人の息吹が聞こえてくる。

このように東北地方の建築をみると、植生限界による樹種の違いが明確に表れている。すなわち、その土地の森林と建築とは密接に関連しており、地域性に富んだ建築文化が根付いていたのである。とくにスギは、ヒノキにかわる主要樹種として活躍しており、クリも東北で入手しやすく、耐久性の高さや加工のしやすさなど、身近な材であったのだろう。

仏像にみるビャクダンとクスノキ

仏教の伝来とともに寺院建築の文化が花開き、そこでは樹種の選択にも配慮してヒノキやコウヤマキが好んで用いられたことはすでに述べたが、同じく舶来した仏像にも特徴がみられる。ひとくちに仏像といっても、飛鳥時代から白鳳時代前期までは木造の仏像や金銅仏が造られている。白鳳期以降、磚仏や乾漆・塑像も造られるようになっていくが、木造の仏像に関しては樹種の選択にこだわりがみられる。この点については、小原二郎による研究に詳しく、木彫仏の樹種の変遷を整理している(小原二郎『日本人と木の文化』)。

法隆寺の九面観音像や、高野山金剛峯寺《こんごうぶじ》などの唐から持ち込まれたとみられる仏像は、ビャクダンで造られている。ビャクダンは南方系の香木類である檀木の一種、インド・ジャワなどにみられる熱帯性の樹木で、日本には自生しない。密度が高く、油脂分を多く含んだ硬い木であるため彫刻に適しており、古くから珍重された。また芳香性が強く、蒸留して得られる白檀油は香油料としても知られ、檀香・栴檀という。十一面観音の造像法を記した経典には、ビャクダンを用いて、一尺三寸（約四〇cm）の大きさで造ることが記されている。このビャクダンの代用材としては、『十一面神呪心経義疏《じゅういちめんじんしゅしんぎょうぎしょ》』（北周天和五年〈五七〇〉頃）に「柏木」を使うことが示されていて、この「柏木」は、『出雲国風土記』によれば「栢」、すなわちカヤ（榧）とされる。

ただし飛鳥時代の現存例をみると、法隆寺夢殿の観音菩薩立像、中宮寺（奈良県斑鳩町）の菩薩半跏像などの木彫像はすべてクスノキで造られている。クスノキも香木の代表であるが、仏像のほかにも法隆寺玉虫厨子・伝橘夫人念持仏厨子などでも用いられている。なぜビャクダンのかわりにクスノキが選ばれたのかは明らかではないが、クスノキは巨木となって御神木として信仰の対象になるものも少なくないので、こうした点も影響しているのかもしれない。鹿児島県姶良《あいら》市蒲生町の蒲生《かもう》八幡《はちまん》神社にある蒲生の大楠（特別天然記念物）は推定樹齢一五〇〇年とされ、日本最大の幹周であることが知られる。また「となりのトトロ」でトトロの住む木はクスノキとされる。

この木彫像に用いる材も奈良時代以降、しだいにカヤへと替わっていったようである。かつて小原二郎の研究成果が発表されたころには、奈良時代の仏像はヒノキで造られたとされていたが、唐招提寺、大安寺、元興寺（いずれも奈良市）、神護寺（京都市）に安置されている一七体の八世紀の一木造《いちぼくづくり》の木彫像の樹種鑑定をしたところ、すべてカヤであることが判明し、一〇世紀頃までカヤが木彫仏に用いられたことが金子啓明らの報告で明らかになっている。すなわち、経典の記述通りにビャクダンの代用としてカヤが使われていたのである。

話をクスノキに戻して、その木材使用をみると、建材としては奈良市の伝香寺《でんこうじ》本堂や東大寺廻廊などの近世の建築で一部確認できる程度で、ほとんど用いられていないに等しい。古代におけるクスノキの使用も現存建築ではなく、出土建築部材で有名な山田寺回廊（桜井市）で確認できる。ここでは、ヒノキの柱が一本確認されるほかはクスノキを用いているという。山田寺が蘇我倉山田石川麻呂の個人的な造営であったため、ヒノキ材を確保することが難しかったとも指摘されている（岡田英男「古代建築に使った木」）。ただし、柱以外の主な部材はヒノキで、とくに柱と柱の頂部をつなぐ頭貫《かしらぬき》や長押などの水平方向の長尺材はヒノキを用いているし、柱間を架け渡す虹梁《こうりょう》や屋根の野地の木舞《こまい》などにはマツも用いられており、クスノキは限られた部分での使用である。仏像や厨子などにビャクダンの代替としてクスノキを用いていることや、柱・クスノキに対する古代の信仰を考慮すると、ヒノキの代替であれ、信仰と深い関係のあるクスノキが柱材に選択されている点は興味深い。

クスノキの巨木と十一面観音立像

クスノキと仏像の関係はこれ以外にもある。木造の仏像には、主体部を一本の木から作る一木造と、パーツごとに別木で作って組み合わせる寄木造《よせぎづくり》とがあり、古くは一木造で、寄木造は平安時代中期以降から始まった。一木造では木材の大きさに仏像のサイズが制約されるが、寄木造は木材自体が小さくて済むことや仏師の分業も可能となり、以後はほとんどがこの方法で造られるようになる。ちなみに仏像の後ろに付く光背《こうはい》は一材での製作は難しく、複数の材を組み合わせることもあるが、東大寺法華堂の不空羂索観音立像《ふくうけんさくかんのんりゅうぞう》の光背は製作方法に特徴がある。三重の楕円で構成されているが、この楕円はヒノキの細い割材を数層重ねて接着し、それを曲げ木としているのである。

さて、一般に一丈六尺(丈六)を超えるサイズの仏像を大仏というが、奈良時代の東大寺の盧舎那仏は高さが約一五mで、銅を鋳造して造られた。これに対して、巨大な木造の仏像としては長谷寺《はせでら》(桜井市)の十一面観音立像がある。長谷寺を象徴する存在で、『扶桑略記』によると、神亀四年(七二七)に供養され、本尊の十一面観音立像は像高二丈六尺であったことが知られる。長谷寺はこれまでに幾度も火災にあっており、天慶七年(九四四)、永承七年(一〇五二)、嘉保元年(一〇九四)、建保七年(一二一九)、弘安三年(一二八〇)、明応四年(一四九五)に焼亡があり、観音立像もそのたびにあらたに造立されたと考えられている。現在の観音立像は天文五年(一五三六)の火災ののち、同七年(一五三八)に再興されたものである。

長谷寺は平安中期以降、興福寺の末寺となっており、観音立像に関する記録が残されている。

興福寺の松南院座の絵師清賢が作製した明応年間の指図に興福寺の僧尋尊《じんそん》が注したものをみると、仏像の足の裏から頭の上まで二丈六尺、天冠から光背まで六尺三寸、合計三丈二尺三寸の高さで、像高二丈六尺という当初の規模が踏襲されてきたことが知られる。現在の観音立像の高さも約一〇m(三丈三尺)で、やはり受け継がれている。

この巨大な仏像の規模が継承されたのには、長谷寺の開創と深いかかわりがある。長谷寺の縁起については、『扶桑略記』中の「為憲記」、『三宝絵《さんぼうえ》』の「長谷寺菩薩戒」、「長谷寺縁起絵巻」に詳しい。内容に若干の違いはあるが、大筋は下記のようなものである(図2-9)。

かつて辛酉の年(五四一年か)の洪水によりクスノキの巨木が流出し、近江国高嶋郡三尾崎《みおがさき》に流れ着いた。里の人が巨木の端を切り取ると、その人の家が焼け、多数の死者が出た。この巨木が祟りをなしているとお告げがあったので、人びとは近寄らなかった。大和国葛木下郡の出雲大満がこの里で巨木のことを聞き、この木で十一面観音像を造ることを発願した。この後、少しの食料を用意して、運搬の人夫を連れて巨木を訪れたが、巨木に対して人数は少なく、引き返そうとしたが、ためしに綱を付けて引くと、軽くてよく動いた。見物人は不思議がって驚き、ついに大和国葛木下郡当麻郷にたどり着いた。しかし、長く放置しているうちに、大満は世を去ってしまった。

その後八〇年を経て、里に病気が流行した。郡司や里長はこの木が原因であるといって、大

図 2-9　奈良 長谷寺の巨木伝説(「長谷寺縁起絵巻」より)

満の子の宮丸に対処するように求めたが、宮丸一人の手に余るもので、郡里の人たちと協力して、戊辰の年(六六八年)に、磯城《しき》(三輪山の西、初瀬川流域周辺)の長谷川にこの巨木を捨て、そこから三〇年が経過した。

この巨木のことを沙弥徳道という者が聞いて、「この木は必ず霊験があるだろうから、十一面観音に造ってさしあげよう」と思い、養老四年(七二〇)に今の長谷寺の峯の上に木を移した。しかし徳道にも力がなく造仏は難しく、七、八年の間、木に向かって「礼拝威力、自然造仏」といって額《ぬか》ずいたところ、元正天皇の恩に与《あずか》り藤原房前《ふささき》が協力し、神亀四年(七二七)には観音像を造り終え、その高さは二丈六尺であった。徳道の夢に神が現れて、北の峯を指し、大きな岩があるので、掘り出してここに観音像を立てるようお告げがあった。夢から覚めた後に掘ると、広さ・長さともに八尺の岩があり、掌のように面が平らであったので、それに像を立てたという。以上が長谷寺の開創にまつわる縁起である。

ちなみに、一二世紀に造られた木造十一面観世音菩薩立像(長谷寺蔵）は本尊を小型化したもので、右手に錫杖を持ち、四角形の岩《いわ》座《くら》に立つ姿である。これは後世に製作されたものであるが、やはりクスノキの一木造である。上述のように平安時代にはカヤを用い、寄木造とすることが多くなるが、あえてクスノキの一木造としているのである。ここにも元々の本尊仏と同じ樹種・構造とすることに対する強い思いが表れている。

　以上のように、長谷寺にとって、巨木から造られた観音立像の二丈六尺という規模は規範として重要だったのである。『長谷寺縁起文』によると、この巨木は長さ十余丈のクスノキであったとされる。八世紀の創建観音立像は一木造であったろうからこそ、神聖な巨木と巨大な本尊との関係が成り立つ。ここに巨木に対する信仰、長谷寺と縁の深いクスノキに対する想いという両面が詰まっているのである。

四　木の特性を熟知していた古代人

木口斗

古代、とくに奈良時代の建築は、材料の構造的な強さを最大限活かして造られているということを述べてきた。太い材を用いるだけでなく、木の特性も理解した建てかたである。古代の工人が木の特性を熟知していたことは、薬師寺東塔の組物から見て取れる。

組物は建築構造の要となる部分である。先述のように薬師寺東塔では隅の大斗に硬いケヤキを用いていたり、隅行方向の一段目の肘木と巻斗を一体化させて一材とすることで構造強化を図っているが、これらの荷重に対する配慮は樹種選択だけではなく、大斗の上に置かれる肘木・巻斗の作り方にも工夫がみられる。

さらに薬師寺東塔では、巻斗でも特性を生かした木の使い方がなされている。巻斗は荷重を受ける肘木を支えている重要な部材であるが、その巻斗の繊維の向きにも配慮している。木は繊維方向に割れやすく、繊維方向と垂直の方向には抵抗する力が大きいが、この特性を生かして、巻斗の外側に年輪がみえるような木の使い方をしている。通常、巻斗と通肘木が組み合う部分は割れやすく、それは巻斗の繊維方向が壁と同じであるといっそう顕著である。そこで東塔では、繊維方向を壁と垂直とすることで割れにくいようにしているのである(図2-10)。この方法を木口斗《こぐちます》といって、古代の木の扱い方の巧みさが表れている。

この木口斗はしだいに用いられなくなる。というのも、時代が下るにつれて、建築の規模や部材も小さくなり、個々の部材の材料特性に依存する度合いが低下するため、巻斗もそれ自体の繊維強度に頼る木口斗とする必要性が低くなっていく。それゆえ木口斗は古代建築ならでは

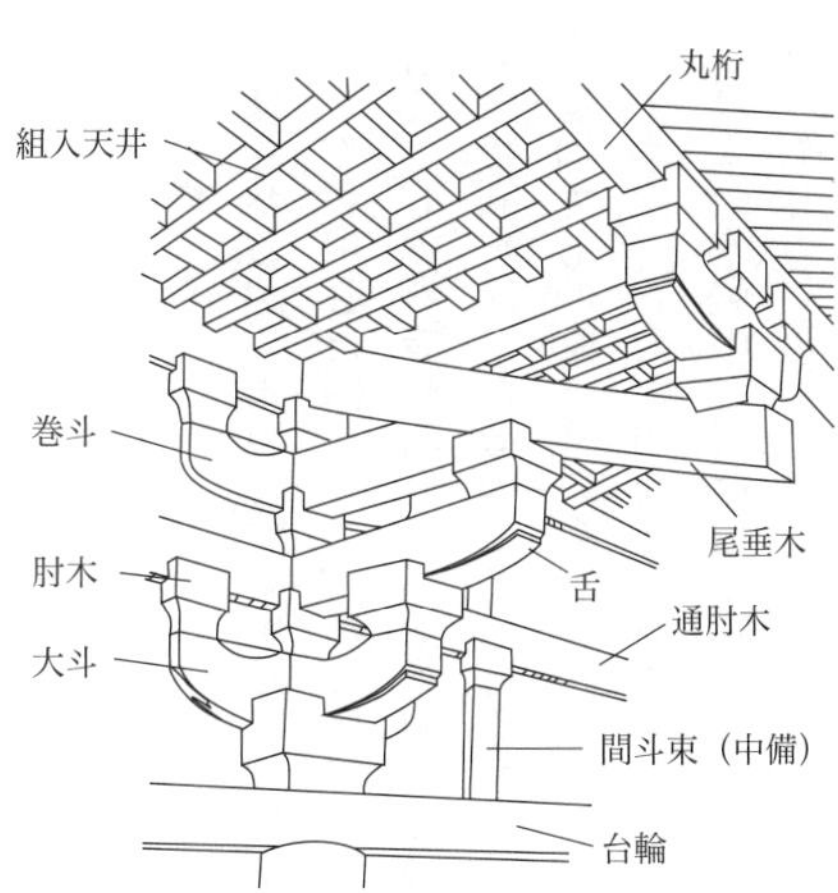

薬師寺東塔三手先の構成（各部材名称）

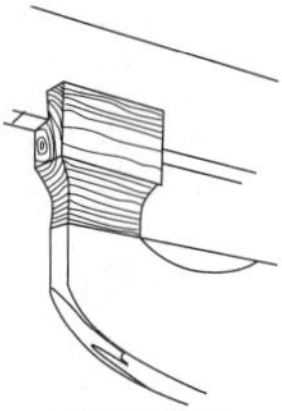

通常の巻斗

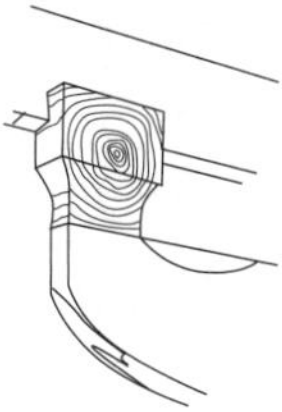

木口斗

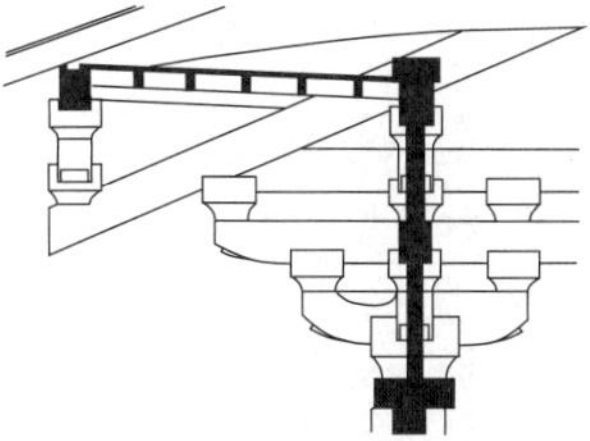

薬師寺東塔三手先断面図

図 2-10　木口斗

の「木使い」なのである。

桶と樽

話は変わるが、木の特性の生かし方は木製容器でも見て取れる。古代には限らないが、木目をうまく利用した例として、桶と樽について触れておきたい。桶や樽はともに伝統的に木製の容器で、貯蔵機能に加え、酒や醤油などの醸造にも欠かせず、食文化と深く関係している。樽は宴席で酒を注ぐための小型の容器として古代からみられる。桶は弥生時代には巨木を刳りぬいた刳桶であった。薄い板を円状に曲げた曲物《まげもの》が登場すると、これが広まっていった。現在の桶のように、竹のたがなどで締めて使うようになったのは中世以降とされる。

これらの木製の容器は他の素材とは異なり、気温の変化の影響を受けにくく、この性質は微生物の作用により進行する発酵に適している。同じ木製容器でも樽と桶で木取りや樹種も異なる。醤油樽はあっても醤油桶はないことからも理解できよう。通常、樽には蓋があって、板目の板を使うのに対し、桶には蓋がなく、柾目板を使う。柾目板は吸水性が高いため、風呂桶(手桶)や寿司桶などの貯蔵以外の目的で用いられる。乾燥と湿潤の繰り返しは木材の劣化を進行させるため、風呂桶などには耐久性や抗菌性のあるヒノキやサワラが用いられることが多い。また寿司桶も適度に水分を吸収するため、柾目板の側板が適しているのである。

柾目板に対し、板目板は水のしみ出しや蒸発を防ぐため、酒や醤油の醸造・貯蔵に適している。とくに日本酒の醸造ではスギの樽が好まれ、酸化作用とともにその香りが付加され、酒の味を良くするという。日本の酒蔵では新酒の時期に杉玉を掲げるが、酒造りとスギの深い関係が見て取れる。

ただし樽に対するこだわりは日本独自のものではなく、西洋でもみられ、ウィスキーでは樽にオーク、なかでもホワイトオークやコモンオークが使われる。この樽は側板の交換や継ぎ足しがなされ、その寿命は五〇～七〇年、さらに樽の違いがウィスキーの味に大きな影響を与えるという。とはいえ、日本でも酒・醤油・味噌など多くの発酵に木製の樽は欠かせないもので、木目の違いにまで考慮した木の使用は、日本の木の文化のひとつの象徴であろう。

第三章　奪われる森と技術のあゆみ——中世

一　巨材の減少——大仏殿造営からわかる資源枯渇

東大寺大仏殿の再建と材木探し

中世に入り、政治の拠点が鎌倉に移ると、その都市開発が進み、政庁や寺院・屋敷などが整備された。『吾妻鏡』によると、承元二年(一二〇八)に鶴岡八幡宮では神宮寺が創建され、その造営材は伊豆の狩野《かの》山(現在の天城山付近)から沼津に伐り出したといい、そこから海路で鎌倉に運ばれたとみられる。このほかにも天竜川・木曽川の上流から木を伐り出し、和賀江津《わかえのつ》(現在の鎌倉材木座海岸)に運ばれ、ここでは商品化した木材が取引されていた。

こうした木材の流通をみると、森林環境は古代と変わらないようにも思えるが、中世に入る頃には古代に開発された山々の木々は奪われていた。とりわけ大径材や長大材の源である巨木は豊かな森林環境の象徴的存在であるため、その入手状況を通して、森林の変化をみることができる。前章で述べたように、古代には豊富な森林資源を背景に、大径材や長大材をふんだんに使うことで建築の構造やデザインが展開してきた。藤原宮大極殿や東大寺大仏殿などの巨材は、古代建築と木との深い関係を示す代表例であろう。

いっぽうで、中世にはこうした巨材の入手は困難になり、大まかな傾向としては、しだいに建築技術が発展し、小規模の部材でも建立可能になっていった。それほど大きくない木材や薪などの日常的な消費に使われる木々はともかくとして、大径材や長大材を得られるような森林環境は、利用し続けてきた近畿周辺の山々にはすでになく、しだいに採材の範囲は拡大していったのである（図2-1参照）。たとえば、平安時代の貞観一八年（八七六）には大極殿の造営用材を紀伊国に求めており、さらに天徳三年（九五九）には東大寺の用材を安芸国に求めていることからもうかがえる。

鎌倉時代の困難な採材状況が垣間見えるのが、東大寺再建時の材木探しである。治承四年（一一八〇）の平重衡《たいらのしげひら》による南都焼き討ちにより、東大寺や興福寺では伽藍の大部分が焼失した。この再興は建築における中世の幕開けで、とくに東大寺大仏殿の再建については『南無阿弥陀《なむあみだ》仏作善集《ぶつさぜんしゅう》』『玉葉《ぎょくよう》』『吾妻鏡』『東大寺造立供養記《とうだいじぞうりゅうくようき》』などに詳しく、重源《ちょうげん》が宋人の鋳師の陳和卿《ちんなけい》とともに活躍し、大仏様といわれる新しい技術を用いた(海野聡『建物が語る日本の歴史』ほか)。この東大寺の再建や重源については他書でも語られることが多いため、ここでは大仏殿の採材に光を当てたい。奈良時代の東大寺の木材は甲賀や信楽の杣を中心とする近江国から運ばれたが、鎌倉時代には畿内周辺の森林はかなり荒廃していたようで、木材の確保には苦労している。

鎌倉時代の大仏殿は奈良時代の柱配置を踏襲し、同じ規模で再建されたため、奈良時代と同様、巨材を大量に必要とした。その材木の規模については身舎《もや》の柱で六丈五尺(約一九・五m)、太さ五尺二寸(約一五六cm)、正面中央のものとみられる廂柱で七丈五尺(約二二・五m)、太さは四尺八寸(一四四cm)ともいい、棟木にいたっては長さ一三丈(約三九m)という巨材であった(『玉葉』文治三年〈一一八七〉十月三日条)。そのためこれらの木材集めが大仏殿造営の第一の課題であった。

重源は養和元年(一一八一)に東大寺造営勧進の宣旨を賜ると、大仏の鋳造に取り掛かり、寿永三年(一一八四)にはほぼ完了した。大仏鋳造が一段落したこの頃には大仏殿をはじめとする諸建築の再建も視野に入ってきたようで、重源は吉野の山中にて巨木を発見したことを喜んでいる。ただし、水運の便や遠方からの運搬の煩わしさに加えて、木々の量も十分ではなかったとみられ、元暦二年(一一八五)には伊勢神宮の杣から巨材を採ることを申請している。

しかしこれも不調に終わり、最終的には文治二年(一一八六)に周防国が東大寺造営料に充てられると、そこに巨材を求めた。同年四月には重源は陳和卿や番匠物部為里《もののべためさと》・桜島国宗《さくらじまくにむね》らを率いて海路で周防国に入ったが、源平の合戦による被害も大きく、国中の人びとが飢えていた。そのため重源は船の米をことごとく放出して施した。そして杣人に良木探しを命じ、ようやく七丈(約二一m)から一〇丈(約三〇m)の長さで太さ五尺四寸(約一六二cm)の巨木を発見できたのである。ただし巨木であっても内部が空洞になっていたり、節が多かったりなどの難点のあるものも多く、数百本を伐木したとしても、使える材は一〇〜二〇本にとどまった。さらに巨木を険しい山から運び出す道が悪路であったため、道を開き、橋を架け、新たな搬路を確保しなくてはならなかった。

巨材の重さは通常の木材輸送の域を超えており、巨大な木材一本を動かすのに千人あまりもの力が必要であったが、重源が妙案をひねり出し、滑車を用いることで、六、七〇人で運べたという。同時に巨材に掛ける綱にも大きな力がかかるため、太さ六寸(約一八cm)で長さ五〇丈(約一五〇m)もある綱を使ったという。

中世の木材運搬でも水運を活用したが、杣から佐波川《さばがわ》を経て、瀬戸内海の木津(材木を運び出す港)までの道中は七里(三〇km弱)もあり、さらに佐波川はそれほどの大河ではなく浅く、水量不足で川底に材が引っかかってしまう場所もあった。そのため堰を作って水を集め、その後、堰を切って巨材を流したのである。堰の数は一一八カ所にものぼっており、運搬の事前準備の苦労がしのばれる。

この杣からの伐り出しの困難には物理的要因だけではなく、社会的要因も影響していた。周防国が東大寺再興の造営料とされたとしても、実効支配する地頭らの運搬妨害があったのである。これも源頼朝が地頭らに妨害をやめるように申し付け、さらに協力も求めたことで障害がなくなり、文治五年(一一八九)には杣出しに武将の佐々木高綱《ささきたかつな》が尽力しており、これを頼朝も称賛している。ただし現実には万事順調とはいかず、重源が幕府に訴え出ているように、建久三年(一一九二)には再び東大寺の柱材の運搬を大内弘成《おおうちひろなり》に妨害されている。

ようやく瀬戸内海を経た木材は、泉木津から陸路で運ばれた。道々では一二〇頭の牛とともに、縁を求める人びとが曳いた。そして東大寺に到着すると、後白河法皇や女御らが綱を引き、結縁《けちえん》に与《あずか》ろうとしたのである。ここにも建材という単なる物質性を超越した巨木に対する深い精神性が表れている。このように巨材の確保が困難であっただけではなく、その運搬も文字通り平坦な道ではなく、紆余曲折を経て、ようやく東大寺にたどり着いたのである。ちなみに重源の巨材の確保の能力は興福寺五重塔の再興でも発揮されており、元久二年(一二〇五)に心柱三本を施入したことが知られる(『南無阿弥陀仏作善集』)。

表3　東大寺南大門の部材断面の規格化

	部材名	断面寸法	材積率
1	貫・挿し肘木・通肘木・枰肘木・小屋繋・地覆・尾垂木・角桁	380 mm×210 mm	34.60%
2	柱(長さ約19 m)	直径上端 780-860 mm 下端 940-1010 mm	19.99%
3	垂木	160 mm×150 mm	9.72%
4	小斗	390 mm 角×270 mm	8.17%
5	大虹梁	径 820 mm	6.32%
6	丸桁・母屋桁・棟木	350 mm×330 mm	3.43%
		小計	82.23%

(佐藤隆久「東大寺南大門における部材寸法の規格化について――大仏様における部材寸法の規格化に関する研究(その1)」『日本建築学会計画系論文集』593, 2005年をもとに作成)

東大寺南大門の材の規格化

永禄一〇年(一五六七)に焼失した大仏殿をはじめ、東大寺の鎌倉再建の諸建築の多くは失われているが、南大門や鐘楼などが現存している。東大寺の鎌倉再建は資源が限られる状況で巨材を大量に必要とする一大事業であったから、材料・手間の両面において効率化は不可欠であった。南大門はその知恵と工夫の一端を今に伝えている。

この南大門は二重門で、東大寺の参拝者を堂々と迎え入れている。通常、二重門は下重と上重の柱は別材で、それぞれの層に柱が立っているが、この南大門は下重の柱が上重の屋根まで直接延びる通柱《とおしばしら》という方法で建てられている(図3-1)。そのため、およそ一m径で長さが二一mにも及ぶ柱が一八本も使われているのである。昭和中期に全国の営林局長が集まったときに、南大門の材を国

図3-1　東大寺南大門の通柱

産材で確保できるかという話になったが、望みなしということであったという。いかに現代の科学技術が進歩したとはいえ、これだけの巨材を国内で一八本も集めることはかなわぬ夢なのである。

この通柱は巨材であるが、他の部分に着目すると、木材利用と施工の効率化をみてとることができる。それはそれぞれの部材の断面の規格化である。肘木《ひじき》・通肘木《とおしひじき》・地覆《じふく》など、大虹梁《だいこうりょう》・妻虹梁《つまこうりょう》・隅虹梁《すみこうりょう》、丸桁《がぎょう》および母屋桁《もやげた》・棟木《むなぎ》などの六種類の断面に規格化されている(表3)。

部材の断面の規格化は、材料の確保や肘木・貫などの細長い材の木取りにおいても有効で、材料・作業の両面で効率化につながる。さらに杣に対しても、個別の材料の大きさに応じた採材ではなく、一定の規格性のある材を求めることができるため、流通面でも画期的である。ただし、この規格化には同じ寸法に製材するための施工精度の高さや、それを支える正確な加工道具の存在が前提となる。さらに貫穴《ぬきあな》も組立時の現場合わせではなく、立柱前に正確に開ける必要がある。これも貫が同じ断面であるため、貫穴の大きさを同じにでき、施工上のメリットは大きい。とくに高所にある柱の貫穴には二方・三方からあけられたものもあり、南大門は高い施工精度に裏付けられた建築であるといえる(図3-1)。

このように部材の規格化からは、施工期間の短縮による迅速な復興に加え、先の周防国における材木探しの状況を勘案すると、数少ない貴重な大径材・長大材を有効利用するという姿勢がうかがえる。ここにも鎌倉時代の厳しい森林環境が透けて見えるのである。

巨材の夢のお告げ

中世における巨材入手の苦労は東大寺に限ったものではない。鎌倉時代初頭の建築では木割(各部材の寸法の割合)も太く、大きな部材が用いられていた。その一例が洛中最古の現存建築である大報恩寺《だいほうおんじ》本堂(千本釈迦堂《せんぼんしゃかどう》)で、その柱の材料集めの逸話が伝わっている。大報恩寺本堂は棟木願文の銘や『大報恩寺縁起記』によると、天台宗に学んだ義空《ぎくう》によって、市井の人びとの信仰を集めて建立されたことが知られ、承久二年(一二二〇)に仮堂を立てて仏像を安置し、貞応二年(一二二三)には建立を始め、安貞元年(一二二七)には上棟したという。この本堂造営の際に「大光之柱」(四天柱)の入手に難渋していたところ、木材の中核的な集散地であった尼崎の材木商の夢に老僧が現れ、寺院建立のための大木を集めていると告げた。材木商が目を覚ますと、巨木には大報恩寺の刻印がなされていた。そこで材木商が大報恩寺の仮堂に赴くと、夢の老僧は釈迦の十大弟子の中の迦葉《かしょう》尊者だったとわかり、喜んで材木を寄進し、本堂の造営を進めることができたという(『和漢三才図会《わかんさんさいずえ》』正徳二年〈一七一二〉成立)。

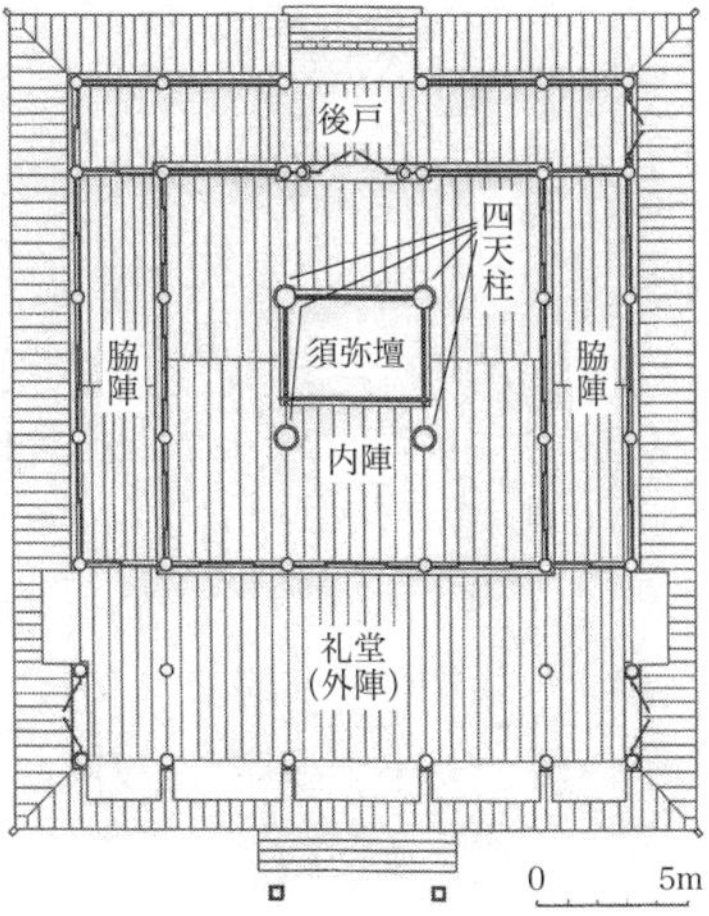

図3-2　大報恩寺本堂の平面図

さてこの本堂は須弥壇周りの四天柱の内々《ないない》陣《じん》の四周に庇が廻って内陣を構成し、その両脇に脇陣、背面に後戸《うしろと》、前面に外陣《げじん》を付けた構造で、いわゆる中世の密教本堂にみられる平面構成である(図3-2)。ただし、通常の本堂とは異なり、内陣が方三間の正方形の平面で、四天柱の周囲を廻っている点が特徴的である。これは天台宗の重要な堂宇である常行堂・法華堂の平面の流れをくむものとみられ、堂の中心となる四天柱がとくに重要である。

その四天柱の太さをみると、径約一・五尺の側柱(外周の柱)、約一・六尺の入側柱(外周から一間入った通りの柱)に対し、四天柱は径約一・九〜二・〇尺でひとまわり太く、材木商の夢の話と合致するのである。この霊験による大木の入手には木に対する古来の信仰が垣間見えよう。

長谷寺の観音立像の御衣木

次に仏像と巨木の関係についてみてみよう。前章で、長谷寺の十一面観音立像が巨大なクスノキから造られたという逸話を紹介したが、幾度もの火災後の再建でも二丈六尺という巨大な規模を踏襲したため、観音立像に用いる御衣木《みそぎ》の確保には苦労している。当然、平安時代中期以降、一木造にかわって寄木造の制作技法が登場しているが、それでも巨大な木彫像の造立には巨材の確保が不可欠であった。

建保七年(一二一九)の再建の際には、火災の一カ月後に三輪山のスギを御衣木として曳いている。木の選定過程はわからないが、三輪山は長谷寺の西方に位置する山であるから、山林の木の事前調査のうえで、近隣からスギの巨木を確保したのであろう。もちろん、長谷寺の創建の由緒がクスノキの巨木であることはよく知られていたであろうし、木の選定ではスギと認識したうえで確保しているから、クスノキに対するこだわりはすでに失われていたのかもしれない。いずれにせよ、この建保時にはクスノキの巨木は確保されなかった(あるいはできなかった)

のである。この時の仏師は快慶らであることが知られるが、木合番匠という工匠が関わっており、寄木造であったとみられる。

これが弘安三年(一二八〇)の再建になると材木選定の過程が明らかになっており、十一面観音立像の本面用として吉野川の白河谷のヒノキの古木、頂上の小面用に八幡御山内の薬師堂そばのクスノキが用いられた。このクスノキは霹靂《へきれき》の古木であったという。霹靂木とは雷に打たれた木を意味することもあるが、ここでは天高く突き抜けるような高木のことであろう。本面・小面に対して御身用としては宇陀郡(奈良県東部)の竹河・山辺・井足・極楽寺などからスギ一八本、ヒノキ一本が選定されている。各部位ごとに木を集めていることからも、寄木造であることがわかり、その樹種もクスノキ以外が選ばれ、かつ、ひとつの仏像を統一した樹種で造ることにはこだわらなかったようである。

明応四年(一四九五)の造立の際には、長谷寺の本寺であった興福寺の僧尋尊が再興を指揮した。この時には鞆田杉、脇本庄楠、内山中院槻などが候補にあがり、鞆田杉は郷民から差し出しがたい旨の申し出があったが、尋尊は徴発している。いずれも興福寺の大乗院あるいはその末寺の所領からの寄進であった。この時は後土御門天皇の信仰も篤く、室町時代に門跡を務めた僧の日記『大乗院寺社雑事記』によると、御念珠用に御衣木の端木を召し寄せた(明応六年四月二十三日条)。さらにこの端木で十一面観音を模した小持仏が造られたという。同一木で造られることによって二つの仏像が強くつながるという、精神性を示す一例であろう。

　このように、開創の経緯からクスノキの一木が特別な意味をもっていた長谷寺にあっても、中世には材木集めに苦労しており、スギやヒノキなど他の樹種の大木を求め、さらに寄木造とせざるを得なかった。ここにも中世の厳しい森林の状況がうかがえるのである。

方広寺大仏殿・伏見城と秀吉の造営

　鎌倉再建の東大寺大仏殿は永禄一〇年(一五六七)に焼けてしまったが、豊臣秀吉はその再建ではなく、京に方広寺《ほうこうじ》大仏殿を建立しようとした。大仏の規模は東大寺をしのぐ六丈三尺(約一九m)で、大仏殿も東西五五m、南北九〇mもの規模であったという。秀吉の手掛けた造営で活躍した高野山の木食応其《もくじきおうご》により事業は進められ、天正一九年(一五九一)に大仏殿の立柱をおこない、文禄二年(一五九三)には上棟し、同四年には完成したという。この大仏殿は慶長元年(一五九六)の伏見大地震により倒壊してしまったが、造営にはやはり大量の大径材・長大材を必要とした。

　鎌倉時代と同様、畿内やその周辺には巨材を確保できるほど豊かな森林環境はすでになく、秀吉は奉行や工匠らに命じ、全国の木材の産地を調査させた。京に近い紀伊の熊野をはじめ、中国や四国、木曽など、さらには九州まで、その対象範囲は列島各地に及んだ。これらの地からの木材の伐り出しは自身の配下の奉行らにも命じたが、諸国の大名にも求め、中国の毛利氏や小早川氏、四国の長曾我部《ちょうそかべ》氏、九州の大友氏や島津氏にまで命じている。そこには秀吉による権威誇示という意図が強く表れているのである。

秀吉による材木探しはヒノキの植生限界を越えて、東北地方の巨木にも目を付けている。秋田がスギの産地であることは先にも述べたが、その豊富なスギの巨木も京の造営を支えたのである。秀吉による天正一八年(一五九〇)の奥州仕置のなかで、出羽国の一部を拠点としていた秋田《あきた》実季《さねすえ》は領地の約三分の一を召し上げられ、直轄の太閤蔵入地《くらいりち》とされた。この処置は秋田杉の運搬をにらんだもので、秋田実季が代官として木材供出の役を担った。ここに求めたのはスギの割板材で、長さ七尺~三間半(約二~六m)、幅一尺八寸(約五四㎝)、厚さ三~五寸(約九~一五㎝)を上限とするもので、橋板などその数は数百枚にも上った。これらの幅広の板は大径材から製材するため、巨木を育む豊かな森林が不可欠だったのである。この板はかなりの上材であったようで、文禄二年(一五九三)からは造船用にも適した長材が送られるようになり、翌年には淀船三〇艘分の木材が要求されている。以降も多くの出材を要求されたが、慶長二年以降には「伏見御作事御用板」と使用先が明記され、伏見の造営に用いられたことが知られる。

秋田からの運送方法は一カ月程度かけた海路で、そのために土崎《つちざき》湊(現秋田港)や能代《のしろ》湊(現能代港）などが整備された（今村義孝『秋田県の歴史』）。文禄二年には上述のように秋田杉の海上輸送が開始され、北陸の敦賀湊（現敦賀港）などで木材交易をおこない、これらは秋田実季の領国経営を支えていた。この秋田杉の伐り出しは江戸時代以降の秋田の森林開発の礎にもなったのであろう。ただし西廻り航路が未開拓であったこともあり、敦賀からは陸路を取り、琵琶湖経由で京に運ばれた。

木材と森林という観点からみると、二点のことが顕著に示されている。まずは鎌倉時代と同じように、室町時代から桃山期も大径材・長大材が不足していた状況で、山林の環境は厳しかった。中世には畿内周辺に加え、そこに隣接する中部地方、関東地方の西部、あるいは中国地方の瀬戸内側、四国地方の東部で支配者らによって用材生産が活発におこなわれており、これらの地域にはまだ巨材があったのであるが、桃山期にはこれらより遠方に木を求めていることがわかる（図2-1参照）。

二点目は採材と物流への影響である。もちろん、江戸時代の五街道の整備や東廻り・西廻り航路の発達は物流に大きな影響を与えたが、この方広寺大仏殿建立にともなう全国からの材木運搬も、江戸時代以降の木材の伐り出しと輸送の基礎を築いたのであろう。同時に一七世紀の諸国における開発の進展は、各地の山林を荒廃させる引き金ともなった。江戸時代に入っても森林開発を継続した大名は多く、秋田藩・土佐藩・熊本藩などの木材の経済的利用や植林はその代表である(第四章参照)。

ちなみに、慶長一五年(一六一〇)の方広寺大仏殿再建の材木運搬では、角倉了以《すみのくらりょうい》が淀川上流の木材を鴨川で運搬したが、その水運の困難さを知ることとなった。そのため角倉は京と伏見を結ぶ高瀬川《たかせがわ》を開削し、以降、このルートは京への物流に変革をもたらした。江戸時代中期には高瀬川の水運で材木や薪炭が運ばれ、その東岸は材木商や材木問屋の連なる木屋町《きやまち》として栄え、交易面でも大きな影響を及ぼしている。この高瀬川の水運は大正九年(一九二〇)に廃止されるまで、京の水運の動脈として機能したのである。

二 進む利権化

寺社・権門の杣と地頭の台頭

古代には、『律令』の「雑令」九の国内条で山野の公私の共同利用を認めていることからわかるように、比較的自由に薪の採取などは可能であったとみられる。いっぽうで、支配者層による山林の利権は拡大しており、和銅四年(七一一)の詔では百姓の活動が制限されている。これらの山林利用のひとつに宮都や大寺院の建材供給のための杣があり、なかでも東大寺の伊賀国板蠅杣《いたばえのそま》(三重県名張市)・玉滝杣《たまたきのそま》(三重県伊賀市)は有名である。板蠅杣は天平勝宝七年(七五五)

に孝謙天皇より東大寺に勅施入《ちょくせにゅう》されたとされ、さらに玉滝杣は天徳二年(九五八)に橘元実から寄進された。とくに玉滝杣は、天徳三年の西塔再建にあたり、大和・紀伊・伊賀・近江・丹波・播磨・安芸の七国でも得られなかった心柱を確保した杣として知られる。平安時代以来の造営と杣との関係を踏まえつつ、山林の利権化についてみてみよう。

寺社の杣は東大寺などの南都寺院に限ったものではない。延長三年(九二五)に藤原忠平《ふじわらのただひら》によって京に創建された法性寺《ほっしょうじ》は摂関家の氏寺として平安時代後期に栄えたが、やはり修造のための杣を保有していた。それが播磨国の市川上流にある大河内杣で、法性寺領大河内荘《おおこうち》(現兵庫県神河町)として修造用材を供給したことが知られる(『小右記《しょうゆうき》』長元元年〈一〇二八〉八月二十一日条)。播磨国は良材の産地で、周辺の杣からは一一世紀前半には大安寺の造営で「播磨材木」が用いられており、この時期には同じく播磨国三方荘《みかた》(現兵庫県宍粟市)の三方山杣などからも材木が供出されており、一二世紀までに開発が進んだようである。

こうした寺領の杣における木材確保では、工匠が現地に赴き、木を検分することもあった。法性寺では一二世紀初頭の東北院の堂舎建設にあたって、請け負った工匠が大河内杣まで赴いている。同様の実地検分はほかにも確認でき、一四世紀初頭の賀茂別雷社《かもわけいかずち》(上賀茂神社)の造替でも工匠を美作国富美荘《みまさかとみ》(現岡山県鏡野町)の杣山に派遣している。富美荘は王家領荘園のひとつであり、ここと阿波・安芸・周防の社領荘園から造替の木材を調達している。百姓や杣人による伐り出しでは、細木が多く建材に適さないこともあるので、工匠による実地検分がなされたのであろう。ここには流通材の購入ではなく、杣からの採材による特注材であったということがよく表れている。

いっぽうで杣を拠点とした耕地開発が進むにしたがって、杣の木材供給地としての機能は低下していく。同時に権門寺社でも造営にあたって杣からの採材をやめていき、大勢としては一三世紀頃には流通商品材による調達という方法が確立していった。東大寺においても板蠅杣・玉滝杣のいずれも木材供給の機能を失い、杣から展開した耕地を中心とする荘園経営に変化していった。東大寺の杣以外の古代の杣も多かれ少なかれ、木材生産地としての役割は小さくなっていった。荘園経営の面からみると、山林の利用によって杣の森林資源は枯渇するばかりであったがゆえに、耕地開発された田地の支配へとシフトしたのであろう。こうした杣周辺の利権の拡大にともなって、各地の杣で国司らとの諍いが生じている。一例を挙げると、上述の玉滝杣でも開発によって東大寺の支配領域は拡大し、そのひとつの丸林村で紛争が起こっている。一一世紀半ばには国司はこの杣が東大寺領であることは認めているが、あくまで杣の経営のみで、杣内で開発された田については国領であると主張している。この争いは長引いたが、建仁元年(一二〇一)七月頃には玉滝杣四至《しし》の範囲内が東大寺の支配と認められた(『鎌倉遺文』一二三六号「記録所勘状案」)。

このように古代の杣の修造材供給地としての機能は低下していったいっぽうで、中世には商品として木材の流通が展開していった。同時に、寺社でも立木を資産として保護し、寺社法により境内地や寺山などにおける伐木は禁止されることが一般的であった（佐藤進一・百瀬今朝雄・笠松宏至編『中世法制史料集第六巻　公家法・公家家法・寺社法』）。永仁四年（一二九六）の「禅定寺寺山禁制案」では、建材として利用価値の高いヒノキやスギの伐採を小木であっても禁じており、木材の資源としての価値とその資産管理の一端をよく表している。

こうした趨勢のなかで、木材の商品価値に着目した材料供給を継続した杣もある。その代表が丹波国の山国荘《やまぐに》（現京都市右京区京北《けいほく》地区周辺）である。山国荘は大堰川《おおいがわ》（保津川・桂川）の上流にあり、その水系を用いて長期にわたって木材生産を継続した。「丹波国山国荘由緒書」や在地文書に「修理職領丹波国山国杣」とあることから、平安京建設のための材の供給地とも伝えられ、中世には禁裏領となっており、戦国時代には月ごとに木材を朝廷に送付していた。大堰川の水系を利用し、筏を組んで運搬していたため、大堰川沿いには組んだ筏を扱う「御問」という組織が鎌倉時代前期には存在し、主として山国荘の木材の保管や流通を担っており、あわせて売買もおこなっていたとみられる。後嵯峨院の命により詠進された『宝治百首』（宝治二年〈一二四八〉成立）に「大井河くだす筏にさす棹のはやくも春のくれぞ過行く」とあるように、多くの和歌に大堰川の筏流しの様子が詠われた。丹波国周辺の豊富な森林資源は、山国荘に隣接する弓削《ゆげ》庄が天龍寺(康永四年〈一三四五〉開創)の木材供給地であることにも表れており、大堰川の水運でそのほとりに位置する天龍寺まで運ばれたのであろう。この大堰川上流域からの木材供給は近世にも継続しており、豊かな森林が広がっていたのである。

森のめぐみを山から都市へともたらす動脈であったため、大堰川の木材運搬も利権になっている。古くは、『延喜式』木工寮《もくりょう》に記された木材の流通ルートのひとつに大堰川の筏流しがあった。保津もしくは川関(いずれも京都府亀岡市)とみられる丹波国瀧額津《たきぬつ》から大堰川を経て山城国大井津(現在の嵯峨)で荷揚げし、そこから車によって木工寮まで運搬したことが記されている。

大堰川周辺では、今林《いまばやし》荘・瓦屋《かわらや》荘・山内《やまのうち》荘などの荘園があったことも知られ、近衛家や九条家に伝領されていったとみられる。大堰川流通の中でも保津峡は難所で、そこを下るために保津筏師が存在していた。その詳細は史料が少なく明らかではないが、近衛家が彼らを取り込んで確保していたと推察される(『鎌倉遺文』七六三一号「近衛家所領目録」)。また、嵯峨は古くから大堰川の荷揚げ地として展開しており、一二世紀後半から一三世紀前半には問(問丸)が成立し、明応六年(一四九七)には山国荘から出された木材を扱う嵯峨問丸が活動していた。ただし権中納言鷲尾隆康《わしのおたかやす》の日記『二水記《にすいき》』大永二年(一五二二)十一月十六日条によると、大堰川の川上の関で税が課されたため、山国荘からの木材は山中を運ぶようになり、河川流通は機能不全となっていったという。逆にいえば、利便性の高い河川による木材流通は重要な利権だったのであり、この山国荘と大堰川流域の様相を通して、摂関家による木材供給・輸送の掌握が垣間見えるのである。

木材の利権を追求したのは摂関家だけではない。中世の阿弓河《あてがわ》荘(現和歌山県有田川町)や朽木《くつき》荘(現滋賀県高島市)での地頭による材木生産や徴税からも、その様子を確認することができる。阿弓河荘は京の白川寺喜多院(寂楽寺《じゃくらくじ》)の杣山とされる紀伊国の荘園で、「ミミヲキリ、ハナヲソギ」で知られる「紀伊国阿弓河荘百姓訴状」はここの地頭湯浅宗親《ゆあさむねちか》の悪行を訴えたものである。ここでは荘園領主から木材を賦課されていたが、一三世紀初頭には自身の杣からの納入ではなく、購入材により対応しようとしていた。この例も、木材の供給源が杣から市場へと移っていることをよく示している。また阿弓河荘には、桑一八九〇本、柿五九八本、栗林三一町七〇歩があったことが知られ、わざわざ記録していることから、住民の生活に重要な役割を果たしていたとみられる。実際に文永一〇年(一二七三)の「阿氏河上荘在家等検注目録案」(『高野山文書』)では絹が年貢として貢納されており、桑とあわせて、養蚕がおこなわれていたとみられる。また第一章に述べた三内丸山遺跡と同じく、阿弓河荘でもクリが栽培されていた。その広大なクリ林にもクリの実が賦課されており、森林の実りも利権だったのである。ここからも、一三世紀には杣における材木の伐り出しから、クワやクリなどへ資源使用の中心が移っていたこと、さらに養蚕という林産資源をいかした新たな産業に変化しており、注目に値する。また支配者も商品作物となる樹木を調べ、その把握に努めていたのである。

朽木荘は近江国と若狭国の境にある荘園で、長保三年(一〇〇一)に平惟仲《たいらのこれなか》がやはり白川寺喜多院に施入したものである。地頭職は承久の乱で活躍した佐々木信綱に与えられ、その一族の朽木氏が世襲により支配していく。この近傍は奈良時代以来、高島山作所の置かれた木材供給地で、とくに安曇川《あどがわ》流域の朽木荘は中世にも木材生産地であった。そのため、この朽木荘では「四二寸榑」という木材を年貢として徴収している。通常の米による年貢ではなく、有用な森林資源のある場所では、木材を税として納めさせることで利益を得たのである。もちろん、交易・流通を統制するための関も支配しており、木材を通じた利権化が進んでいたが、これも木材が市場化し、流通商品化したことによるところが大きい。

材木座

木材流通のいわば上流にあたる杣における生産の利権化について述べてきたが、これと同様に中流にあたる水運、そして下流にあたる都市での売買においても利権化が進んだ。その代表が材木座である。商工業者の同業組合である座は塩座・油座などに加え、大工などの工匠も座を結成し、その権益を確保していた。前項で述べたように、平安時代後半には木材が商品化したことで、その営業独占権を有する材木座が全国に設けられた。

とくに京や奈良では恒常的に造営がおこなわれていたので、木材の需要も高かった。京では古くは元慶三年(八七九)に堀川十二町が祇園社社領となった際に、左右京の材木商人等三六〇人を祇園社の神人《じにん》としており、材木商の存在が確認できる。中世にも材木商の活動は展開しており、室町時代には材木屋三六軒によって、堀川に材木座が形成された。堀川は丹波から保津川を下って京に運ばれた木材の集積する重要な拠点で、祇園社による材木座が洛中の材木を特権的に取引したのである。

また先述のように奈良では古代以来、泉木津が木材流通の窓口で、ここに各寺院が木屋所を設け、番人として木守《こもり》を置いた。永暦元年(一一六〇)には東大寺の木守三人と寄人一五人が泉木津に居住していたことがわかっている。鎌倉時代中期には興福寺一乗院に属する座が泉木津に設けられている。この一乗院は大乗院とともに門跡が入る興福寺の塔頭で、泉木津に入る瀬戸内塩の独占販売権を持つ塩座をはじめ、多数の座を抱えていたことが知られ、材木もそのひとつだったのである。

関東に目を移すと、鎌倉には武士・職人・僧などが集住し、建設をはじめ、多くの木製品が消費されていた。もちろん、そのための木材は外部から搬入されたものも多く、搬入地である海岸には材木座が設けられた。中世には先述のように、建材は特注品などの一部を除いて杣における採材から購入材へと移っていく。鎌倉はその好例であるが、鎌倉で出土する木製品には運搬のための筏穴はほとんど見つからず、製品としてある程度まで加工された木材が鎌倉に入ってきていたと推定されている(小野正敏・五味文彦・萩原三雄編『木材の中世』)。都市鎌倉では木のリサイクルが発達しており、材木座で購入された木材は建材や製品に加工して使用され、いったん解体・廃棄ののちも、再び転用材やリサイクル品として利用されていた。もし木材として再生困難な場合にも、薪や炭などの燃料として用いられた。使用された木材の樹種についてみると、建材や木製品ではスギやヒノキが多い。この樹種選択は同時代の京や平泉とは異なるもので、鎌倉における地域特性が表れている。

都市において木材が交易・流通の対象となると、幕府による統制の対象にもなる。鎌倉では売買は材木座の商人に限定され、木材や薪の規格、市場価格や売買方法などが統制された(のちに一部撤廃)。建長五年(一二五三)には榑板は八尺を標準とし、七尺以下のものは不正品とすることを定めている。たとえば円覚寺の塔頭《たっちゅう》である黄梅院《おうばいいん》の造営では、断面が五寸・六寸の「五六」という木材を大量に購入している。この「五六」は建築関連の史料に多く見られ、広範囲に流通していた木材の規格のようである。木材の流通にとって規格化が重要であるのは古代と同様であった。

三　樹種を使い分ける

森林環境の影響と多様な樹種

これまで述べてきた中世の畿内における森林資源の枯渇と、それにともなう材料供給地の拡大は、流通規格材の主流化をもたらした。その結果、樹種の選択にも変化が生じ、ヒノキ以外の木材も積極的に用いられるようになっていった。これは現存する国宝・重要文化財建造物の解体修理によって判明しており、豊富なヒノキ材の確保が難しい森林環境が透けて見える。

いっぽうで中世に入っても、ヒノキ・アスナロ・マキなどのヒノキ系の材は好まれ、寺社建築ではやはり主要な木材であった。また枯渇していったとはいえ、いまだヒノキの巨材を供給できる森林は存在していた。たとえば南都焼き討ち後に再建された興福寺北円堂や三重塔ではほとんどの材をヒノキとしており、有力寺社は依然としてヒノキの巨材を確保できたのである。ヒノキに対する信仰も根強く、必ずしも良材ではなくても、あえて総檜造とする事例もある。また総檜造ではなくとも、同時期の東大寺鐘楼では意匠材はヒノキとするのに対し、外観に出てこない野物材《のものざい》にはマツを用いており、部位に応じた樹種の選択も確認できる。こうした野物材へのマツの使用は全時代を通じてみられる手法である。

もちろん古代の中尊寺や胡桃館遺跡におけるコウヤマキやスギなどの使用は地方ごとの意図的な樹種選択であるが、マツやブナなどのいわゆる雑木も限定的で、代替的要素が強いが、建材として用いられた。この傾向は中世にも継承され、さらに強まっていく。とくにヒノキの植生限界より北の東北地方では、立石寺《りっしゃくじ》中堂〈山形市、室町時代中期〉はブナの柱であるし、同三重小塔〈永正一六年〈一五一九〉〉はヒノキの組物を除き、大半の材がクサマキである。さらに旭田寺《きょくでんじ》観音堂〈福島県下郷町、嘉慶二年〈一三八八〉〉ではほとんどがサワラ、堂山王子《どうざんおうじ》神社本殿〈福島県田村市、明応七年〈一四九八〉〉では柱や根太《ねだ》がクリ、虹梁や桁などがマツである。

これらに加えて新しい傾向として、中世にはすべてヒノキ以外の材で建てる例も確認されており、早い例としては先述の中尊寺金色堂があり、大部分にアスナロを用いている。またマツやスギで建てる松普請・杉普請がみられる。

松普請の古いものでは岡山県美作《みまさか》市の長福寺《ちょうふくじ》三重塔〈弘安八年〈一二八五〉〉があり、神戸市の太《た》山寺《さんじ》仁王門〈室町時代中期〉や京都府園部町の九品寺《くほんじ》大門〈鎌倉時代後期〉などの一四世紀の建築でもその傾向はみられる。また現在もマツの産地として知られる広島県の円通寺《えんつうじ》本堂〈庄原市、天文年間〈一五三二〜一五五五〉〉も松普請である。円通寺は地毘庄《じびのしょう》の地頭であった山内首藤《やまのうちすどう》が開いた同氏の菩提寺と伝えられ、現本堂は山内直通《なおみち》の中興により建立された。もちろんマツは東北・信州・中国地方と幅広い産地があるが、これらの中国地方周辺の松普請を通してその産出の長い歴史がうかがえるのである。

杉普請は広い範囲で確認できるが、地域的な特徴もあり、北陸地方に展開している。佐渡島の蓮華峯寺骨堂《れんげぶじこつどう》（貞和四年〈一三四八〉）はほとんどがスギで造られているし、同金堂（室町時代中期）もカツラの組物を除き、ほぼすべてがスギである。同じく福井県越前市の大塩八幡宮拝殿（室町時代後期）、石川県七尾市の藤津比古《ふじつひこ》神社本殿（室町時代中期）、新潟県小千谷市の魚沼神社阿弥陀堂（永禄六年〈一五六三〉）などもすべてスギで造られている。運搬の観点から鑑みると、日本海にそそぐ阿賀野川や黒部川の流域にはスギの産地が広がっており、これらの近隣地域から伐り出された材が使用されたのであろう。この傾向は時代を超えて近代でも確認でき、明治期の新潟県議会旧議事堂や旧新潟税関庁舎（ともに新潟市）でも大半の部材にスギを用いている。

マツやスギ以外では、部材大半をクスで造った紀伊の十三《じゅうさん》神社摂社丹生《にう》神社本殿・同若宮八幡神社本殿（いずれも和歌山県紀美野町、室町時代後期）があり、この周辺ではクスの使用が多くみられる。クスは和歌山だけではなく、岡山・広島などの瀬戸内、千葉・高知などの太平洋沿岸部でも広く用いられた。またサワラ（長野を中心に栃木・岐阜・福島など）、ブナ（秋田から石川までの日本海沿岸部）など、地域的な樹種選択の特徴もみられるとともに、大規模な造営を除くと、多くの材は近隣の山からの調達とみられ、当時の木材供給状況がみえる。

図 3-3　金峯山寺蔵王堂

大和国吉野の金峯《きんぷ》山寺《せんじ》蔵王堂(奈良県吉野町)では珍しい木が用いられている(図3-3)。現存する蔵王堂は扉金具から天正一九年(一五九一)の建立で、豊臣秀吉の寄進によることが判明している。桁行五間、梁間六間の四周に裳階を廻らせた構造で、巨大な仏殿を太い柱や梁が支えている。吉野は吉野杉や吉野檜などの名材の産地として知られ、紀ノ川を通じて大坂湾に材が出されており、秀吉の伏見城・大坂城の築城にも木材が供給された。こうした吉野の地であっても、蔵王堂の巨材をすべてスギやヒノキで揃えることは困難であったとみられる。巨大な蔵王堂を支える柱は太さ七〇cmにもおよび、とくに太い外陣の柱は太さ一二二cm、あるいは九八cmもあるスギの巨材である。柱で最も多い樹種はやはりスギで、約七五%を占める。次いで多いのがケヤキで、荷重の架かる隅柱などに用いており、トガの柱も確認できる。これに加え、建材としては珍しいツツジやナシとみられる柱も用いられている。現在は修理でヒノキに取り替えられた柱があるものの、当初、柱にヒノキを用いていなかった点は特徴的である。加えて、スギの柱でも頂部が曲がった原木のままのような柱もある。造営者の意図は推し量るべくもないが、修験《しゅげん》の場として知られる金峯山寺の荒々しさが伝わってくる。同時に、吉野の豊かな森林資源をしても大量の巨材の供給には限界があったのであろう。

同様に、一六世紀後半に建てられた岐阜県御嵩《みたけ》町の願興寺《がんこうじ》本堂では、柱にムクノキやケヤキ・ニヨウマツ・カエデなど、九種類の材が確認されている（田鶴寿弥子・杉山淳司「重要文化財願興寺本堂保存修理工事における用材調査第二報」）。願興寺は天台宗の最澄によって開かれた寺で、東美濃は戦国時代には織田と武田の勢力争いの前線付近であった。そのさなかの元亀三年（一五七二）に前身堂が焼失し、現在の本堂は天正九年（一五八一）に再建されたものである。寺伝史料によると、貧しい農民の力によって建てられたと伝えられており、その様子は樹種選択にも表われ、とくに柱に一本一本ものムクノキを使う点は珍しい。ヒノキの産地である木曽に比較的近いにもかかわらず、ヒノキの柱は一本しかないという。ヒノキやスギなどの建材の入手が困難ななかで、民衆が柱に適した木材をかき集めて建てた様子が目に浮かぶようである。元亀四年の武田信玄の死後、比較的政情は安定したとはいえ、民衆の力も未熟であり、造営のための木材確保は依然として困難だったのであろう。これも使用樹種に歴史的背景が表出しているケースである。

周辺の木材を用いた例としては滋賀県近江八幡市の桑実寺《くわのみでら》本堂がある。桑実寺は「桑実寺縁起」によると天智天皇によって開創された古代寺院である。現在の本堂は室町時代初期に建立された天台宗の仏堂で、檜皮葺の屋根の美しい建物である。この桑実寺本堂でも基本的には軸部材・組物などの主要部材、入側通りの桁や外陣の床板などは良質のヒノキ、小屋組はスギであるが、柱・貫・虹梁の一部にマツが用いられている。さらに柱の樹種に限ってみても、ヒノキのほかにマツ・センダン・スギ・サクラなど、多樹種に及んでおり、樹種の使い分けというよりも、材料確保の困難にともなう混用とみられる。他所からの購入や寄進などではなく、近隣の山林から柱に適したものを集めてきたのであろう。

特定の部分に特定の樹種を意図して用いた面白い例としては、座敷廻りの部材がある。現在でもケヤキの一枚板が床板《とこいた》として珍重されるように、座敷構えと用材には深いかかわりがある。現存する書院造の座敷構えをみると、早期の例である慈照寺東求堂《とうぐどう》(京都市)では主用材をヒノキとしつつも違い棚・付け書院はケヤキとしている。また同じく座敷構えが整った園城寺《おんじょうじ》光浄院・勧学院(大津市)の客殿では床板をケヤキとしており、座敷構え周辺にケヤキを好む趣向がみえる。

以上のように中世にはヒノキに限らず、マツやスギの建材利用が増えていき、同時にクス・

サワラ・ブナなど、多様な樹種に広がっていったのである。その背景には、繰り返しになるが古代から利用し続けた森林資源の枯渇が想起される。その様子は、ここまで紹介してきた例のほかにも、南禅寺三門《さんもん》(京都市)の造営から知ることができる。一三八〇年代の造営では、播磨・美作・備中などの中国地方の産地を中心に木材を調達していたのであるが、わずか一〇〇年も経っていない一四五〇年代の再建では美濃や木曽から伐り出しており、さらに不足分は四国から入手したというから、この頃には急速に山林の荒廃が進んだのであろう。

修理における樹種の選択

近代以降の文化財修理では部材の取替には十分に配慮し、同等の樹種であることはもちろん、同等の木目の詰まり具合であることにまで気を配っている。ただし、国産材であっても産地まで限定して、建設当初と揃えることは困難である。たとえば、奈良時代に建立された建物には田上杣や信楽杣などの材が用いられているが、現在そこから適切な木材を入手することは困難である。それは中世、あるいは近世の修理の際も同様であったとみられ、木材供給が変化したことで、新造の用材と同じくさまざまな場所の材が選ばれた。さらにいえば、樹種も当初材とは異なる材とすることも少なくなく、近世以前の修理にはマツやスギなどが用いられることが多かった。

そこには社会的な背景もあり、建立時には政治的・経済的に良材を得る環境にあったが修理時にはそれが困難になり、応急的な修理とせざるを得なかったという事情もある。その例として、法隆寺の慶長修理における用材をみてみよう。

先述のように(第二章)、法隆寺は七世紀前半に建立され、天智天皇九年(六七〇)の焼失後に再建されたのが現在の西院伽藍である。法隆寺には金堂や五重塔のある西院伽藍のほか、夢殿を中心とする東院伽藍があり、慶長修理はその両方を対象とした大規模なものであった。この慶長六~一一年(一六〇一~一六〇六)にわたる大修理は豊臣秀頼によるものである。関ヶ原の戦い以降、徳川の力が強くなっていったのに対し、秀頼は秀吉の菩提を弔って、寺社の造営・修理に務めていた。その造営は秀吉の遺命による醍醐寺の修復をはじめ、東寺の再建、法華寺の修理など多岐にわたるが、そのなかでも法隆寺修理は特別な事業で、大工中井《なかい》正清《まさきよ》の統括のもとで進められた。中井正清は法隆寺大工で、関ヶ原の戦い以降、徳川家康に従い、内裏・日光東照宮・二条城などの重要な造営に従事した。また畿内・近江の大工を支配した京都御大工頭の初代を務め、この中井家による大工支配は江戸時代を通じて続いた。

慶長以前には金堂・五重塔の修理は小規模であったが、この慶長の修理による金堂の改変は大きく、妻飾りも梁の上に斜め方向の扠首《さす》を組んだ扠首組から、虹梁の上に円形の束である大《たい》瓶束《へいづか》を立てるという近世的な構成に変えられている(図3-4)。虹梁と大瓶束の構成は当時の流

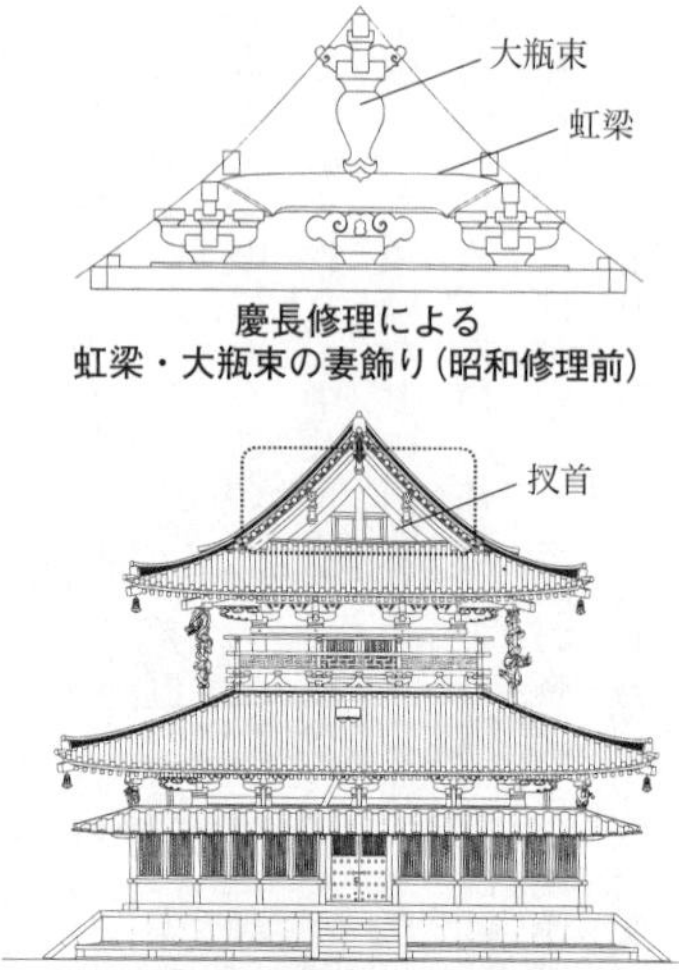

慶長修理による
虹梁・大瓶束の妻飾り（昭和修理前）

昭和修理によって
当初復原された扠首組の妻飾り

図 3-4　法隆寺金堂の妻飾り

行を捉えたものだったのであろう。樹種についても慶長修理では当初材のヒノキではなく、マツが採用されている。

　ややうがった見方をすれば、豊臣再興のための資金を確保しておく必要があり、あえて当初材と同じヒノキの良材ではなく、安価なマツを用いたとも考えられる。しかし法隆寺においても、東院礼堂・鐘楼・東大門などの中世の修理用材はすでにマツであることを考慮すると、修理材を当初材と同じ樹種とする考え方がそもそもなかったとみられる。また修理時には建立時とは経済的・政治的状況、森林環境が大きく異なり、同等の材を確保できる状況ではなかったのであろう。

　慶長修理と建立年代が近く、同じ秀頼による法隆寺大湯屋《おおゆや》ではマツとともにヒノキを用いているし、和泉の聖《ひじり》神社本殿（大阪府和泉市、慶長一〇年〈一六〇五〉）は総檜造で建てられている。また金峯山寺蔵王堂と同じ吉野にある吉野《よしの》水分《みくまり》神社楼門（慶長九年〈一六〇四〉）でも化粧材はヒノキ、野物材はマツと使い分け、同拝殿ではヒノキ・マツ・スギ・ツガを用いている。

秀頼の造営以外でも、同時代の松本城ではヒノキ・マツ・ツガの混成、退蔵院《たいぞういん》本堂（京都市）では化粧材の全部をヒノキ、さらに土豪によって建てられた宝来山《ほうらいさん》神社本殿（和歌山県かつらぎ町）でも部材の大半をヒノキとしており、ヒノキが確保できなかったわけではなかった。これは石田三成による高野山金剛峯寺奥の院経蔵（慶長四年〈一五九九〉）の造営で部材の大半をヒノキとしたことからも判断できる。

これらの状況からヒノキの使用の減少の原因を考えると、単純にヒノキ材確保の困難というよりも、修理と新造では樹種選択に違いがあったことや、巨大仏殿の材や法隆寺のような木割の太い部材では、ヒノキの巨材の確保がとりわけ難しかったことなど、複合的な要因とみるべきである。大径長大材は良好な森林環境の賜物であるから、森林資源が枯渇しており、修理材にヒノキを選択するのは困難だったのであろう。

修理において当初材と別の樹種を用いたことや、新造とは材木確保の状況が異なることは、次に述べる名草《なぐさ》神社三重塔（兵庫県養父市）にも表れている。修理の年代はやや下るが、近世の材木供給と修理における用材との両面から興味深い事例である。この三重塔はもともと、山陰を支配した戦国大名尼子《あまこ》経久《つねひさ》の発願により、大永七年（一五二七）に出雲大社の境内に建立され、この時にはマツが用いられた。その後、寛文五年（一六六五）に現在地に移築され、その際に大

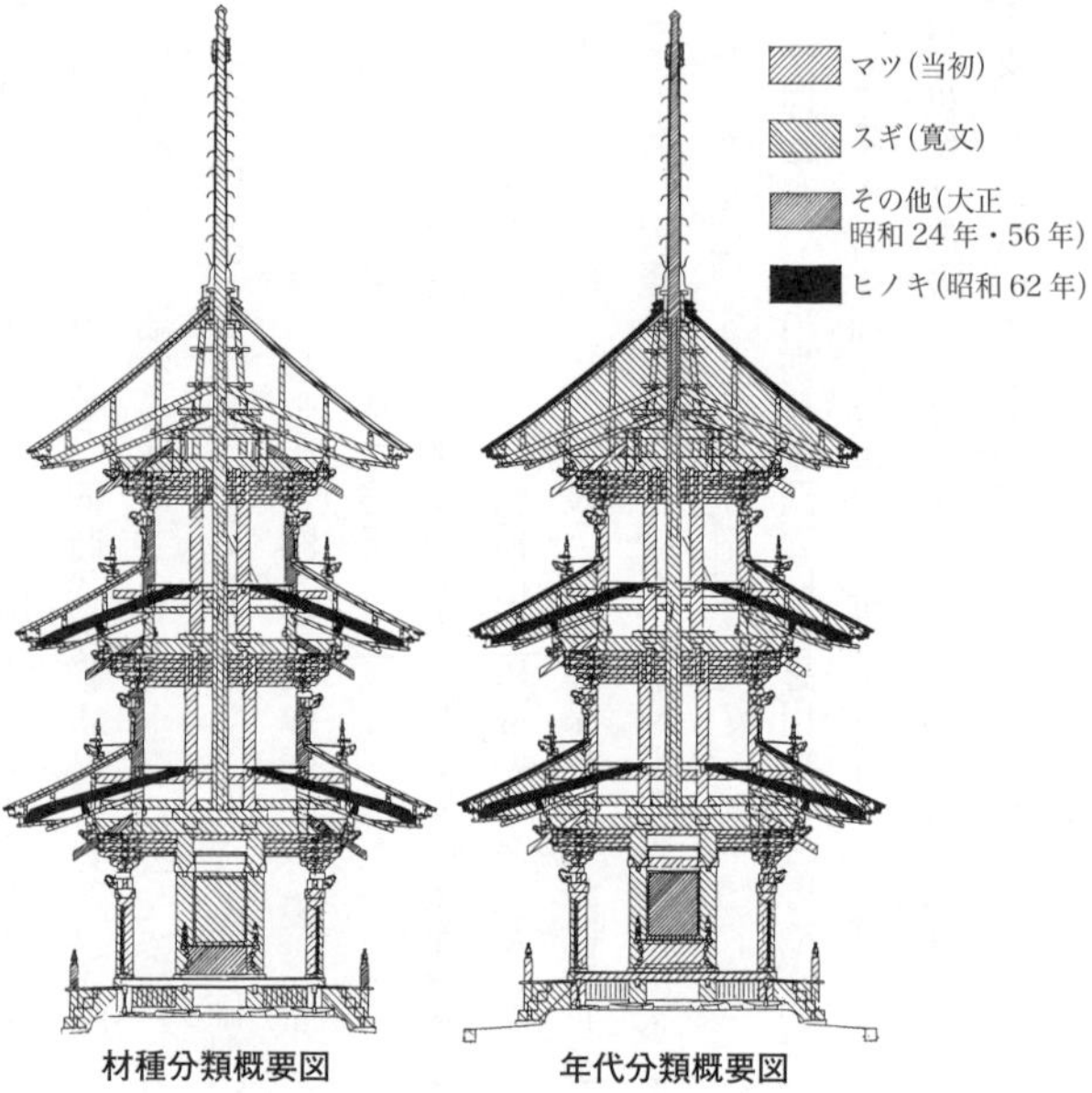

図3-5　名草神社三重塔各部の樹種と年代

修理を受けたのであるが、この時には当地の名産の妙見杉《みょうけんすぎ》が用いられた。こうした移築時の補足材における別樹種の選択は、法隆寺伝法堂や當麻寺曼荼羅堂など、平安時代以前の方法と共通する。

この寛文五年は出雲大社でも大きな変革期で、同七年(一六六七)の遷宮に備える時期であった。出雲大社では六〇年ごとに遷宮がおこなわれており、豊臣秀頼による慶長一四年(一六〇九)の遷宮以来で、徳川による初めての遷宮であった。寛文の遷宮以前には神仏習合の影響を受け、三重塔や鐘楼などの仏教建築が数多く境内にあったが、この時期の整備で現在に近い形に変わり、仏教建築は境内の外に移された。その一環として名草神社に三重塔が移されたのであるが、仏教建築の排除だけが移築の理由ではない。

出雲大社の造営には巨材が必要であることは先述のとおりであるが(序章参照)、寛文の本殿建立でも、木材の確保には苦労した。こうした状況にあって、名草神社が神木の妙見杉の巨木を出雲大社の部材として提供し、その御礼として三重塔を拝領したのである。江戸時代には大造営における入札・請負という方法が広まっており、木材も流通材の購入という方法も広まっていたが、市場の規格を超えるような巨材の入手にはやはり苦労したのである。この名草神社三重塔には、巨材の供給状況と修理(移築)における周辺材の利用という、中近世の木材事情が詰まっている(図3-5)。

四　革新的な道具の登場

ダイガンナによる精度の向上と引き戸

木の文化は道具の発達との関係が深く、その一端は彫刻・家具をはじめとする木製品の緻密な加工にも表れている。同様に、日本の伝統的な木造建築の施工精度は世界的にも突出して高

図3-6 『職人尽絵詞』(模本)に描かれたダイガンナによる製材(画面中央)

い。「寸分の狂いもない」という言葉があるが、一分《いちぶ》は約三㎜であるから、まさにミリ単位の精度である。とりわけ室町時代以降の精度の上昇は著しい。この頃には書院造が展開し、引き戸で分けられた畳の敷き詰めの小部屋が成立し、これにともない、畳の寸法に合わせて建築全体が計画され、高い精度で施工された。これを支えた道具のひとつがダイガンナである(図3-6)。

ダイガンナが導入されたのは室町時代とされ、それ以前はヤリガンナで材を平滑にしていた。第一章で述べたように、ヤリガンナは小刀で削るように滑らかにしていくため、少なからず凸凹が残ってしまう。これに対し、ダイガンナでは、幅広の刃で木材を面で平滑にすることができる。透き通るくらいに薄いカンナくずが職人の腕を示すように、ダイガンナは精緻な加工を担う道具で、このダイガンナの登場により、仕上げの精度は圧倒的に向上した。その精度を確保するには刃もさることながら、鉋台が重要である。木材と接する鉋台に狂いが出ては元も子もないので、アカガシやシラカシなどの堅木が選ばれることが多い。

カンナで正確に削る加工は柱でも活かされている。柱の角を落とす面取りという方法があるが、一般的な斜めに落とす方法だけではなく、丸みを帯びた丸面という方法や、角にさらに小さな角を付けた几帳面取《きちょうめんとり》という方法もある。これらの面取りに合わせた専用のカンナが作られている。加工道具の発展による精度の上昇が、さらなる道具の開発を促し、新たな建築文化を生み出したのである。

さらにカンナはそれ自体の形も発展し、木材面を平滑にするだけではなく、引き戸の嵌《はま》る敷居や鴨居の溝を削るカンナも製作された。前後に開閉する扉とは異なり、左右にスライドする引き戸は上下の鴨居・敷居の距離がミリ単位で一定でなくては、スムーズに動かない。また引き戸の幅と溝の幅も適切でなければ、開閉に支障が生じる。このように引き戸は高い施工精度に裏付けられて成立する建具で、日本以外の東アジアの主な建具は扉であることからも、日本建築の精緻さは抜きん出ている。まさに引き戸は、畳の敷詰めとともに、加工道具の発展と密接に絡んだ日本の木の文化の象徴的存在なのである。

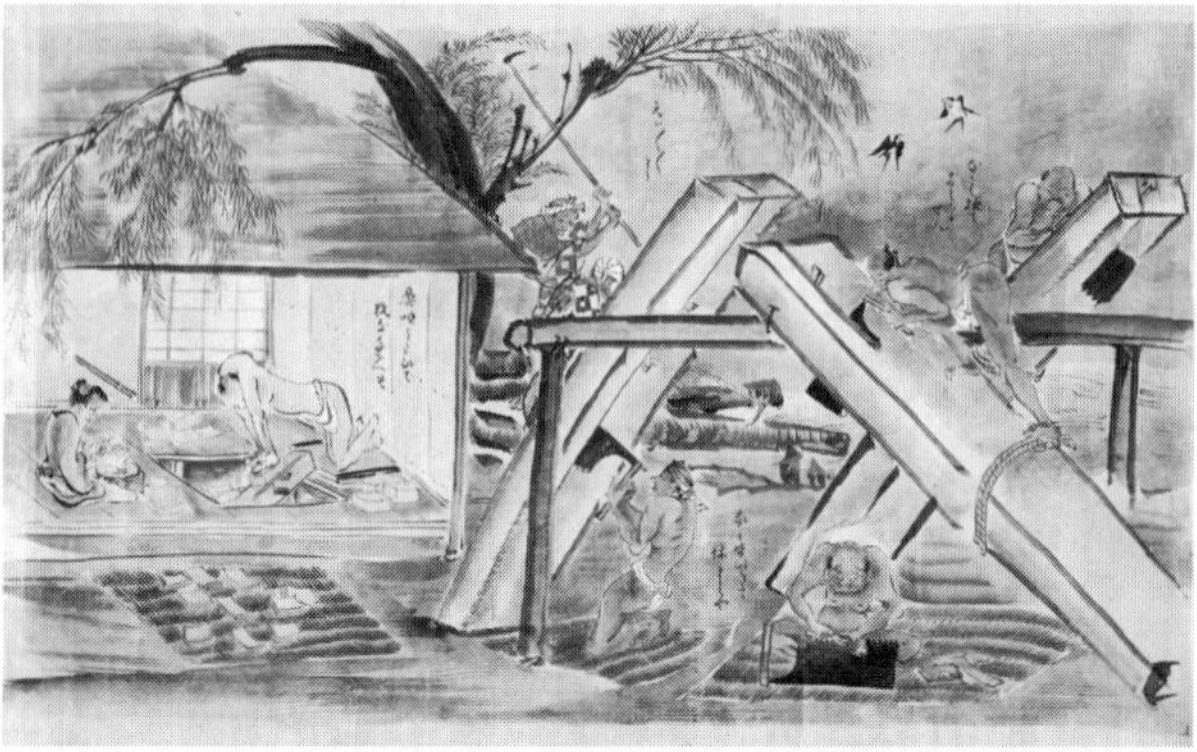

図 3-7　『職人尽絵詞』(模本)に描かれた縦挽きのノコ

縦挽きノコの登場と板製材

ダイガンナとともに、加工に大きな影響を与えた道具はノコである。部材加工のなかでも板製材は、大工道具の発展とともに大きく変わったもののひとつである。現在の板製材は繊維方向に沿ってノコで挽くが、この挽割《ひきわり》製材は縦挽きのノコの登場以降のものである。古墳時代からあるノコは木材の繊維を断ち切る方向で使う横挽きで、後述のようにこの頃には楔を用いて木材を割る割板製材としていた。中世に大陸から持ち込まれたとされる縦挽きのノコの登場により、これが挽割製材へと変化していったのである(図3-7)。この縦挽きのノコはもともと二人で使うもので大鋸《おが》というが、板製材の効率化が促進され、しだいにひとりで扱える前挽大鋸に取って替わった。江戸時代には道具自体の生産能力も向上し、ノコも用途別に細分化が進み、三木(現兵庫県三木市）のような大工道具の有名産地も誕生した。

この縦挽きノコの登場前の板の製材には多大な手間がかかり、さらに多くの材を必要とするものであった。その方法のひとつには、ミカンのように、芯を中心に丸太を放射状に割っていくミカン割がある。木が芯に向かって割れやすいという性質を利用した方法である。もうひとつは、繊維方向に割れやすいという木の性質を活かし、丸太にノミや楔を入れて、繊維方向に沿って割る方法である。これらのミカン割や割板による製材は手間のかかる作業であり、さらに一本の木から採れる板の枚数も少なかったため、板は材料的にも非常に貴重だったのである。これは先述した飛鳥板蓋宮の美称にも表れている。ミカン割、割板のいずれもある程度の厚さのある板しか作ることができないが、ヘギ板という方法もある。これは厚板を二分割、さらに二分割と手で割ることで極薄い板を作っていく方法で、ヘギ板は第二章で紹介した柿板のほか、曲物のように薄板で曲面を構成したり、茶室や数寄屋などの壁や天井などに用いられる網代《あじろ》のように編んだりするのに有用である。

筆者も職人さんらとともに、径約四〇㎝のヒノキの丸太からノミ・楔を用いて四枚の割板を採材する割板製材の実験をしたことがある。まず墨打ちをしたのち、両木口と側面に墨線に沿ってノミ・楔を打ち込んで半裁を試みるが、なかなかまっすぐには割れない。繊維に沿って割れが墨線からずれていくので、これをノミで修正しつつ、半裁する。そののち、半分の丸太をさらに厚板に割るのであるが、木は芯に向かって割れやすいため、半裁以上に難しい。最終的にチョウナ・ヤリガンナで割肌の面を仕上げると、実際には中央の二枚はともかくとして、外側の二枚は十分な厚さを確保することができなかった。

これが縦挽きのノコの登場で、繊維方向にノコで切断することが可能になり、精度の高い薄板や角材を作ることが容易になったのである。これにより製材能力が著しく向上し、近世の大量の建築活動や精巧な建築が可能になり、杣で荒加工された杣板も数多く伐り出された。

板一枚の歴史をみても、そこには製材の苦労や道具の発展による加工方法の変化といった木の文化が凝縮されているのである。

五　海をわたる木材

輸出される木材

日本の豊かな森林は東アジアにおいても貴重な存在であった。それは中国に輸出された品々に木材が含まれていることにも看取できる。もちろん中国大陸にも森林は豊富に存在したのであるが、度重なる戦乱と活発な造営活動により、荒廃していった。たとえば、北宋の頃には都・開封《かいほう》(現河南省東部)の建設のため、各地から木が運ばれており、そのなかに寧波《ニンポー》(現浙江省)

周辺の明州からのスギがあった。スギは中国では江南地域に生え、造船用の材として用いられたようで、この頃には豊富な森林資源もあったのである。しかし一三世紀の南宋の頃には木材の値段が高騰し、これにより利潤を求めて、さらに乱開発が進んで山から木が失われ、土砂災害が増加していた。河川環境に影響を及ぼすほど、山林が脅かされていたのである。造船や建築に限らず、この時期には橋の構造が木造から石造に変わっている。この変化も技術の発展という側面だけではなく、木材不足という環境変化をよく示している(岡元司「南宋期浙東海港都市の停滞と森林環境」)。それゆえ、不足する木材の輸入という選択肢がとられたのである。

この状況は明代以降も継続しており、万里の長城の主要部分が大量のレンガによって構築されたことにもうかがうことができる。万里の長城自体は秦の始皇帝以来のものであるが、現在の長城は明の第三代皇帝の永楽帝が首都を北京に移して以降、強化が進められたものである。そのレンガの焼成には大量の薪を必要とするから、森林に与える影響は甚大であった。これは一例であるが、同様に燃料を大量に必要とする製鉄も、中国では古代以来、継続して大規模に展開していたから、日本以上に森林の荒廃は進んでいたのであろう。

こうしたなかで、中国へ日本の木材が輸出されていたのである。東大寺の鎌倉再建では、入宋経験のある重源・栄西《えいさい／ようさい》らが新しい技術を用いて活躍したことが知られるが、彼らは南宋に木材を輸出している。重源は入宋三度と称し、栄西は二度の入宋が知られ、ともに造営に深く関与した僧で東大寺勧進職は重源から栄西に引き継がれた。栄西の最初の入宋の船は仁安三年(一一六八)四月に博多を出発し、寧波に到着した。この入宋で重源と出会ったとみられる。重源は五台山《ごだいさん》(現山西省)を目指していたが、当時の五台山は北方の金の支配下であったため、寧波の阿育王寺《あいくおうじ》や天台山の国清寺《こくせいじ》に赴いた。とくに阿育王寺には伽藍修造などに長けた僧がおり、そこで重源も行動をともにしており、この阿育王寺と重源の関係は帰朝後も継続した。重源の事績を記した『南無阿弥陀仏作善集』によると、その舎利殿造立のため、重源が周防国の杣から柱四本、虹梁一本を送ったことが記されている。

栄西も南宋へ木材を送っており、これには二度目の入宋が深く関わっている。この入宋は文治三年(一一八七)で、天台山で虚庵懐敞《きあんえじょう》に師事し、同五年に虚庵懐敞とともに天童山景徳寺《てんどうさんけいとくじ》に移った。その後、建久二年(一一九一)に帰朝するまで、臨済宗黄龍派を学んだのであるが、この景徳寺において、千仏閣の修繕のために日本から木材を送ることを約束し、帰朝後に送付している。ここに大陸側が日本の木材に期待する姿勢や、日本から宋への木材の流通がみえるのである。

重源や栄西の入宋時、南宋は北方の金の侵攻により、内陸部の開封から沿岸に近い臨安《りんあん》(現浙江省)へ都を移しており、この遷都にともなう造営により、いっそう木材が不足していた。そのため日本から木材が多く輸入され、ヒノキをはじめとする日本の木材は良質の建材として南宋でも知られていた。

木材輸出は中世を通じておこなわれており、とくに禅僧による南宋との交易がみられる。日宋貿易における木材の流通については、榎本渉の論考に詳しい（榎本渉「「板渡の墨蹟」と日宋貿易」）。その著名なものは日本の禅僧の円爾《えんに》による径山興聖万寿禅寺《きんざんこうしょうまんじゅぜんじ》への木材送付で、その詳細が「板渡《いたわたし》の墨蹟《ぼくせき》」（東京国立博物館蔵）から知られる。杭州《こうしゅう》の径山は南宋の禅宗寺院五山の第一位で、京都で東福寺を開山した円爾は同寺の住持であった無準師範《ぶじゅんしはん》に学び、印可《いんか》を受けた。円爾のほかにも、鎌倉の円覚寺を開山した無学祖元《むがくそげん》や建長寺第二世の兀庵普寧《ごったんふねい》など、鎌倉時代の禅宗を支えた中国僧らは径山で学んでおり、日本と関連の深い寺院であった。

この径山が一二四二年に火災に遭い、無準師範は伽藍の再興に迫られた。その報を聞いた円爾は復興のために板千枚を寄進しており、「板渡の墨蹟」はその礼状である。この頃の南宋へのルートは博多から慶元（寧波）で、円爾の入宋でもこのルートをたどった。この板の輸送を通して、当時の交易の様子をみてみよう。

慶元には海上貿易を扱う市舶司《しはくし》という役所が置かれ、日本との交易の窓口となっていた。しかしこの板は船の漂流により、華亭《かてい》（現在の上海周辺）に到着し、難路を経てようやく径山にたどり着いた板は五三〇片のみであった。三三〇片は徴税などにより徴収され、残りの一四〇片は航海中の漂流か沈没で失われたとみられている。このように木材の流通には運搬の困難だけではなく、徴税による物納もともなったのである。裏を返せば、木材が流通しており、価値があったからこそ、物納という手段が成り立ちえたのであろう。

これらの木材輸出は一時的な特殊事例ではなかった。一二五八年に慶元を治めていた呉潜によると、「倭商」との交易の重要品目は倭板と硫黄であるとされ、木材が重要な交易品であったことがわかる。また南宋の地誌である『宝慶四明志』(一二二七年成立)の市舶の条には、マツ・スギの板とともに、ヒノキとみられる「欏木」の板が日本からの重要な輸入品目として挙げられている。

これらに確認できるように、日本の木材は海を越えて南宋に渡っており、木材を通した東アジア域内の交流がおこなわれていたのである。その交易範囲も驚嘆に値するが、寧波を起点に考えるとこれにも合点がいく。博多と寧波は約九〇〇㎞離れているが、寧波―広州の約一一〇〇㎞、寧波―洛陽の約一〇〇〇㎞と比べても、日本からの海上輸送は十分に現実的な選択肢だったのである。東アジアの視点でみると、改めて大陸の大きさを再認識する一例であろう。

このように日本の木材の海を越えた輸送は、活発な交易だけではなく、中国大陸における木材不足、森林荒廃、そして都市化・文明化の発展を反映した事象であった。翻って、日本では古代以来の山林の開発により森林資源が枯渇しつつあったとはいえ、東アジアレベルでみれば、依然として豊かな森林環境を備えていたのである。

輸入される木材

日本の豊富な森林資源を背景に木材が大陸に運ばれたいっぽうで、海外から輸入された木材も少なくない。古代の渡来仏像に用いられたビャクダンは、日本列島にはない木であったため、クスノキやカヤが代用されたことは先述したが(第二章)、それ以外にも輸入されたとみられる樹種が確認できる。正倉院御物の木工品はその代表で、シタン・コウキシタン・カリン・コクタン・ビンロウジュなどその樹種は多岐にわたり、唐木として長らく珍重された。もちろん木製品であれば、それ自体が完成品として輸入されることも多く、それほど不思議なことではない。これに対して、建造物となると、そのまま海を渡ることは難しいから、木材の輸入という方法が推定される。

広島市の不動院には、一六世紀後期に建立された楼門が現存する。この楼門は秀吉による朝鮮侵略に従った僧の安国寺恵瓊《あんこくじえけい》が良材を持ち帰り、建立したと伝えられ、「朝鮮木文禄三」と刻まれたスギの尾垂木《おだるき》がある。この楼門では通肘木《とおしひじき》や垂木などの断面の小さな部材にはヒノキが使われているが、柱・貫・海老虹梁などの太い断面の材にはケヤキと、樹種を混用している。先に述べたように中国地方はマツの良材の産地でもあったから、台輪・虹梁・尾垂木などには用いられた。これに加えて組物にクス、柱にセンダンなど、多彩な樹種の使用がみられる。そのなかでも「朝鮮木」と刻まれスギはひときわ、当時の木材流通や用材の特徴を示しているのである。

スギは日本列島でも確保できるため、その真偽は明らかではないが、材木が大陸との交易品であったことを踏まえると、朝鮮半島から持ち込まれた可能性は十分にあろう。もし国内産であったとしても、朝鮮木に何らかの意味を見出しているからこそ刻んだと考えられ、この場合も渡来の木材に対して価値評価をしていたと判断できる。また、そもそも朝鮮半島との材木の流通がなければこの逸話にも信憑性がなくなるため、この朝鮮木は海を越えた材木流通自体の存在を裏付ける証拠のひとつである。

国外からの木材の持ち込みは黄檗宗《おうばくしゅう》寺院で顕著である。江戸時代初期、明の終焉にともなう混乱のなかで、福建省などから長崎に移り住んだ人びとも多く、そこに明僧が招かれて多くの寺が開かれた。隠元《いんげん》もその一人で、渡日後は幕府の外護《げご》を受けて宇治に黄檗山萬福寺を開いた。黄檗宗は禅宗の宗派のひとつであるが、臨済宗や曹洞宗のような禅宗寺院伽藍とは異なる中国的な寺院を建立した。

萬福寺の中心部は左右対称の建物配置で、三門・天王殿・大雄宝殿・法堂《はっとう》が一直線に並び、これらを廻廊で囲む。諸建築は基本的に四半敷《しはんじき》(正方形の磚を斜めに並べた形式)の土間で、組物を柱の上だけではなく、柱と柱の間にも置く詰組《つめぐみ》としており、禅宗寺院の建築と共通する点も多い。いっぽうで、丸みを帯びた黄檗天井や丸窓などが特徴的なデザインで、日本の伝統的な寺院の意匠とは大きく異なる。この萬福寺大雄宝殿では樹種にも大陸の影響が強く出ており、最も中心の四天柱にチークを用いている。チークは南アジアから東南アジアに分布し、硬く強靱で耐久性がある材で、現在でもマホガニーと並ぶ高級材である。大雄宝殿のチークはタイ産で、豪商と江戸幕府の寄進によるものとされる。このチークの柱からは、中国大陸との深い宗教的交流だけではなく、東南アジアにおよぶ広域の木材流通が浮かびあがってくるのである。

図3-8　中国大陸から運ばれた材を組み上げた崇福寺第一峰門

以上が木材輸入の例である。前に建造物自体の輸入は難しいと述べたが、一棟まるごと輸入した例もある。それが長崎の崇福寺《そうふくじ》第一峰門《だいいっぽうもん》である。先に述べたように長崎には興福寺・福済寺《ふくさいじ》など、いわゆる黄檗宗の唐寺が多く残り、崇福寺もそのひとつである。福建省からやってきた貿易商らが建立した寺で、寛永六年(一六二九)に同地より僧超然《ちょうねん》を招聘している。日本の寺院とは異なる独自の菩提寺を建立しようとしたのであり、中心の大雄宝殿や三門などの建築

図 3-9　曼殊院小書院上段の趣向を凝らした座敷構え

の形にも独自性が表れている。そのなかでも寛永二一年に建立された第一峰門も日本にはない形の門で、ひときわ目を引く(図3-8)。とくに組物は国内のものとは大きく異なり、斜め方向に手先が出ており、これが軒下すべてを覆っている。この門の部材は中国で刻まれて船で運ばれ、長崎で組み上げられたとされ、輸入材どころか、建物すべてが輸入されたのである。

また崇福寺では、享保一六年(一七三一)建立の護法堂でもすべての材をコウヨウザン(広葉杉)としている。コウヨウザンは中国や台湾を原産とする常緑針葉樹であり、正保三年(一六四六)に建立された大雄宝殿の材もコウヨウザンと推定されている。これらの黄檗宗寺院は、それ自体が中国との関係が深く、パトロンに貿易商も多かったことから、外国の木材が持ち込まれたのであろう。港湾都市長崎という特殊な立地の影響もあろうが、海を越える木材交易の歴史を今に伝えているのである。

これらの大陸と関連の深い寺院以外でも唐木は用いられた。後述するように、数寄の嗜好が広まると、多様な樹種が使用され、たとえば明暦二年(一六五六)の曼殊院《まんしゅいん》小書院(京都市)の曼殊院棚ではクワ・カエデ・カキとともにコクタンが用いられている(図3-9)。同時代の桂離宮新御殿の違い棚や縁板にはシタン・カリン・キャラ・タガヤサン・ビンロウジュなどがみられ、やはり唐木が多用されている。江戸時代を通じて、中国との交易の船舶品に唐木類が確認でき、座敷廻りを中心にこれらの唐木が好まれたのである。

第四章　荒廃と保全のせめぎあい――近世

一　消極的保全から積極的保全へ――資源保護の模索

消極的保全と積極的保全

古代の都城や大寺院。中世の鎌倉や禅宗寺院。度重なる戦乱とそこからの復興。これらの大造営では建材が山々から供給され、さらに都市の成長により燃料の使用が増加したことで、日本の森林資源はますます枯渇していった。森林の回復には長い時間を要するため、資源の再生を図ることをせず、林産地を変えて新たな資源を求めていった(図2-1)。近世以前にも育林などによる森林の保全はおこなわれていたが、ごく限られたものだったのである(図4-1)。

また中世以来、燃料となる薪や肥料用の柴・草などの森林のめぐみは近隣の農民生活に欠か

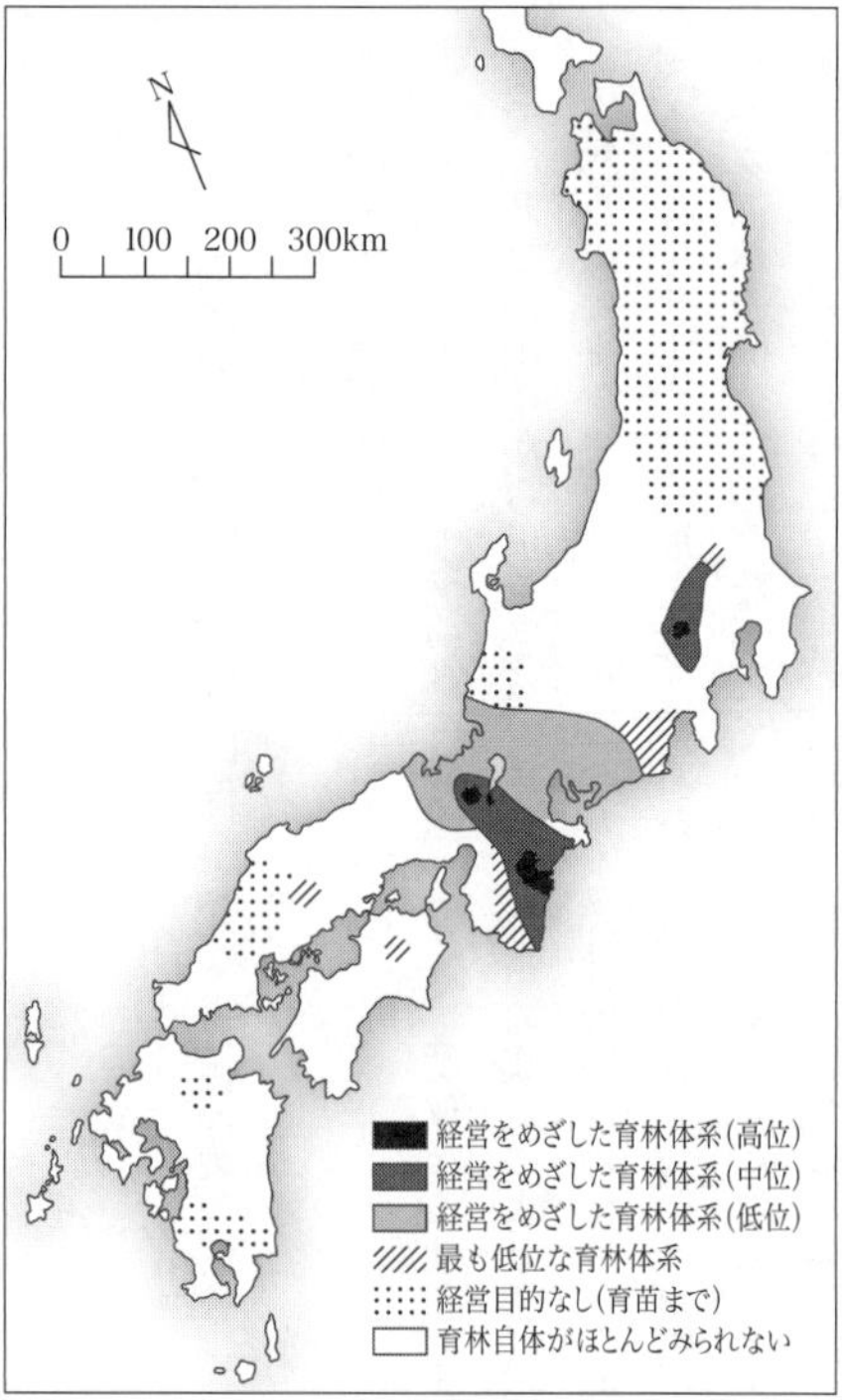

図 4-1　近世末における育林技術の地域差

せないもので、材木以外にも山の資源は多角的に利用されていた。そのため支配者と村落、あるいは村どうしの闘争の一因ともなった。加えて、都市部で武士や裕福な都市民の熱源が薪から木炭に変わると、その生産が産業化し、いっそう森林を侵食していった。こうした森林資源の獲得競争は近世にも続いていく。

近世には農民が集団的に占有・利用する権利を確保するため、入会林《いりあい》が設けられていた。入会の方法は多種多様であるが、共同社会のなかで大規模な商業利用を抑えることで、消費を持続可能な範囲にとどめ、資源が枯渇しないための保全である。これらに関しては林政史研究の蓄積が大きいので、それらを参照しつつ、山の資源利用や保全についてみてみよう（西川静一『森林文化の社会学』ほか）。

入会地からのめぐみは山村の生活に不可欠で、入会に関する取り決めは重要であったが、これは非成文の慣習であったため、実態の把握は困難である。ただし近代に継承された入会慣例から様相を知ることができ、これによると、薪、肥料・飼料用の草や落葉、屋根用の萱《かや》、放牧などが入会利用であったとみられ、農村生活に密着するものであった。そのため部外者によるバランスを崩す過剰利用は資源の枯渇に至る死活問題で、部外者の入会への新規参加が困難であった例（兵庫県宍粟《しそう》郡神野《かんの》村〈現宍粟市〉）や、村民であっても斧鋸を持っての入山禁止（同多可郡黒田庄村〈現西脇市〉）など、厳しい取り決めがなされた。これらは森林資源の利用規制による近世における消極的な保全の例である。

支配者層の森林に対する動向に目を移すと、保全よりも資源確保が先行する。なかでも中世の戦乱を経て、秀吉・家康らは木材資源の重要性を理解しており、早くから森林へ触手を伸ばし、その利権を確保した。前章で述べたように、秀吉は聚楽第・方広寺・大坂城・伏見城などの大規模造営を続けており、そのための木材供給源として木曽などを直轄の蔵入地とした。家康も慶長五年(一六〇〇)の関ヶ原の戦い以後、豊臣から木曽や信州伊那などの林産地を引き継ぎ、江戸城の修築のほか、駿府・名古屋などの城郭・城下町の建設でも木曽材は多用された。いっぽうで慶長から寛永期の大造営時代には多量の高級材が木曽より供給されたことで、木曽の山林の荒廃が進み、木曽川下流の治水にも影響を与えることとなった。

こうした厳しい山林の状況は、修理時と建立時の両方の用材の違いからもうかがえる。先述の法隆寺の慶長修理でのマツの使用だけではなく、大報恩寺本堂(第三章参照、安貞元年〈一二二七〉)では寛文の修理時(一六七〇～一六七一)にマツやツガの柱を用いたことが知られる。当初材はヒノキであったから、この樹種の変更からも寛文時の用材確保の苦労が透けて見える。ただしこの後補の柱も昭和の修理の際に取り替えられてしまった。修理時における判断であろうが、近世の修理補足材も当時の修理状況や木材確保の事情を示しているため、後補柱の取替が惜しまれる。

同じく一七世紀に建立された大峰山寺《おおみねさんじ》本堂(奈良県天川村、元禄四年〈一六九一〉)は大和国吉野の険しい山中にあり、修験の場として知られる。吉野は室町時代から著名な林産地ではあるが、大峰山寺は吉野とはいえ、木材運搬に適した吉野川流域から離れた地にあるため、本堂の建設には山中のモミが用いられた。この事例も単純な山林との距離ではなく、運搬ルートが用材に大きな影響を及ぼしたことを示している。また近隣の山中からの木材の確保は周辺環境の資源と建築が直結したもので、まさに森が育んだ建築といえよう。

近世においても都市拡大の影響は大きい。とくに大量消費地であった江戸は各地から木材供給を受けていたが、建材や木製品だけではなく、恒常的な都市生活に必要な燃料も欠くことのできない要素で、森林資源を蝕む要因のひとつであった。そのため、まずは江戸近辺の伊豆の豊かな山林に目が向けられた。伊豆天城は鎌倉と近いため、鎌倉時代から木材の供給源で、その後も戦国大名の北条氏が管理していたが、徳川幕府もここを幕府御林《ばくふおはやし》として関与を強めた。天城山は海に近く海上交通の便もよく、江戸への木炭などの燃料供給に適していたのであろう。ただし、便利な地であったがゆえに、すでに山林の開発・利用が進んでおり、建材の供給源とはならなかった。むしろ一七世紀にはヒノキ・マツ・サワラ・スギ・ケヤキという建材に適した五木を伐採禁止の留木《とめぎ》として保護しなければならなかったほどであった。五木を留木としたことからも、幕府はここを建材の供給地として期待していたようであるが、実際には広葉樹の萌芽林に変化していき、その役割を果たすことはなかった。

こうした伐木の禁止による資源利用の制限は環境保全の面で一定の効果はあろうが、あくまで消極的な保全に過ぎない。これらの枯渇した森林資源を回復させるには、植林・育林などの人為的介入による積極的な環境保全が求められ、これは遅れて一七世紀後半からおこなわれるようになる。とくに儒学者の山鹿素行《やまがそこう》による林政論が広く領主層に影響を与えた。山鹿は、適切な管理者や制度がなければ、民衆は搬出に便利な山林から伐採してしまうため、森林資源が急速に減少し、これにより河川に悪影響を及ぼすと指摘した。さらに近場の森林資源がなくなると、奥地から伐り出すことになって運搬費がかさむため、利にならないとする。加えて森林資源の過剰利用による一時的な利益追求によって、山林の治水力が低下し、むしろ長期的な不利益を招くので、山林には適切な管理が必要であると説いたのである。近視眼的な森林資源の利益ではなく、山林環境を含めた巨視的・長期的観点からの提言で、この思想は近世の山林経営に波及していく。同様の治山治水の考え方は儒学者の熊沢蕃山《くまざわばんざん》も示しており、山林を回復させる方法として育林とともに計画的な伐木を説いた。

こうした山林の管理の代表的な法令としては、幕府による寛文六年(一六六六)の「諸国山川掟」が知られ、育林や治水をふくめた山林対策が確認できる。その要点は次の四つである。

- 草木の根まで掘り起こしてとってしまうことで土砂が川に流れ込むため、今後は草木の根の掘り起こしの禁止
- 川上の左右の山に木のないところには、今年の春から苗木を植え、土砂の流出の防止
- 河原などへの田畑の開墾では竹などで簗出し部を作って川を狭めないこと
- 山中に新たに焼き畑をつくらないこと

そして翌年には、これらに違反する者がいないかを検分すると代官らに伝えた。ただしこの規定は山林の保護による治水を目的としたもので、森林資源の確保という林業目的とはやや趣が異なる。そのため、この「諸国山川掟」を全国的な開発行為の制限と育林による積極的な環境保全の先駆例と評価する学説（大石慎三郎「〝大開発時代〟とその後」）もあるいっぽうで、その対象は淀川や大和川などの畿内周辺の限定的な範囲であったとする説もある（塚本学「諸国山川掟について」）。両説で対象地域が異なるが、いずれにせよこの時期に治水・育林による環境保全の意思が確認でき、加えて実態としては根を掘り返してまで得ようとする過剰な森林利用は確かにあったのであろう。一七世紀後半の加賀藩や岡山藩でも根の利用を禁じており、こうした利用実態は特殊例ではなかったとみられる。

以上のように、江戸時代には治水を視野に入れた山林環境の保全が進められた。同時に藩の財政難を助けるべく、山林開発もおこなわれている。もちろん一方的な利用のみでは森林資源が枯渇するので、一八世紀以降、積極的な資源保全策として育林という方法が採られた。こうした積極的な保全は各地でさまざまな方法があり、順に紹介していこう。

幕領と尾張藩の森林管理

幕府や藩による山林への関与は早く、なかでも幕府および尾張藩による木曽の管理が著名で、江戸初期の建設状況と用材を交えながら話を進めたい。この時期には木曽川や天竜川の流域から良材が得られ、ここの木材が江戸・駿府・名古屋をはじめとする城郭や城下町の建設に供給された。このうち木曽からの伐り出しは「木曽勘定書」からその量や寸法がうかがえる。これによると、慶長一一年(一六〇六)には駿府城の建設用材に六寸〜一尺角で長さ二〜三間のヒノキを六九四〇本も伐り出している。その量もさることながら、比較的大きな断面の材が供給されている点は注目に値する。すなわち大径材を供給できる豊かな森林が存在していたのである。とはいえ、この頃の木曽地方の林業は大木を搬出できるような規模ではなかったため、当時の林業先進地であった紀伊や伊賀から伐木・運搬の職人を雇い入れて活動した。この点では、木曽はすでに林産地であったとはいえ、大木の林産地として発展させたのは徳川幕府によるところが大きいといえよう。

この信州木曽山も元和元年(一六一五)には大御所家康から九男で初代尾張藩主の徳川義直《よしなお》に譲渡された。ただし以降も幕府の御用材の供給地としての利用は継続することとしたため、その後の駿府城や江戸城内の紅葉山東照宮・天守などの造営用材もここから伐り出された。

木材運搬のため、木曽川の改修も必要になったのであるが、その開発に関与したのが角倉了以(第三章参照)の子、素庵《そあん》(与一)である。森林の伐採が進むにつれて、伐り出しの場所はしだいに上流に遡っていくことになるが、上流は浅く、幅も狭いため、河川の拡幅や川底の掘削による流路の確保は不可欠である。そこで木曽川の開発に尽力した角倉家には大量の採材権が許されたのである。角倉家に限らず、後述する紀伊国屋文左衛門《きのくにやぶんざえもん》など、材木商人のなかには特権的地位を築き、商品用材の生産により莫大な利益を得たものは少なくない。

中世までに河川沿いの伐り出しやすい場所の木々は枯渇しており、奥地の山林から木材を運搬せねばならなかったため、河川の開発だけではなく、木曽の山林からの木材の伐出・運搬方法においても新技術が開発された。この方法を木曽式伐木運材といい、ここにも近世の運材の困難さが表れている。

運搬は材木経営を左右する一大事で、河川の水量、傾斜を見極めなければならない。木曽も同様で、木曽式伐木運材は大量に搬出・運材するための手法である。まずは伐木作業として、伐倒・造材・剝皮がある。すなわち杣において倒木ののち、枝打ちや荒加工がなされ、運搬の際に滑りが良くなるように、樹皮を剝いだ。また材の先端は岩などにあたって割れないように尖頭に加工した。

次に材木を寄せ集め、谷筋川まで集材する作業である「山落とし」の工程があり、ここでは修羅・桟手《さで》・臼などの運搬のための装置を並べて、その上を人力で滑らすことで重い木材を運搬した(以下、図4-2参照)。とくに巨材の貴重材はメド穴に綱を通し、神楽桟《かぐらさん》を用いて釣り下げる。河川を使った水運でも、小谷狩《こたにが》りという木曽川本流の合流点まで材木を運ぶ工程を経て、

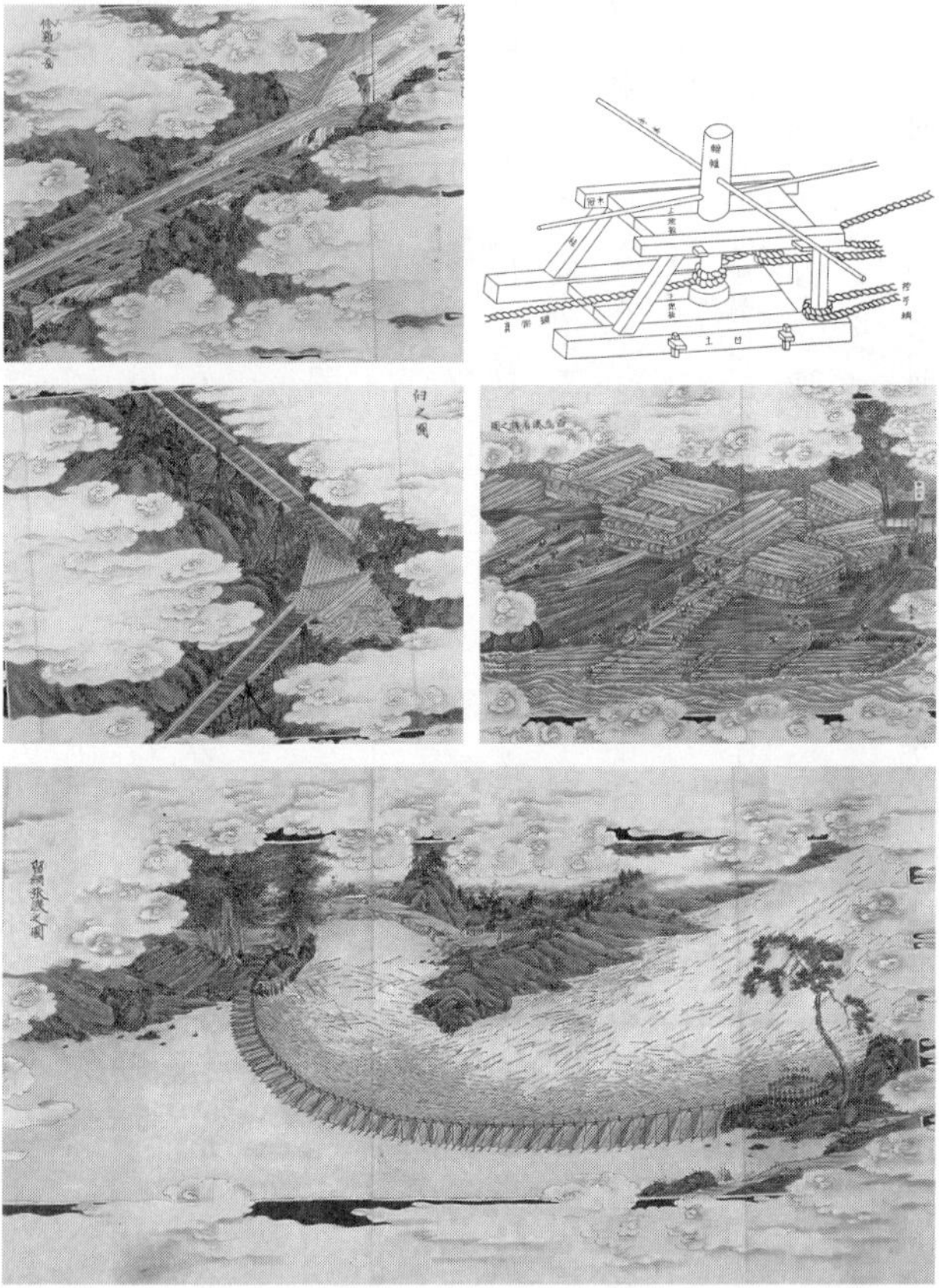

図 4-2 『木曽式伐木運材図会』より．（上左）修羅を用いた小谷狩り．（上右）巨木を動かすための神楽桟．（中左）木材の下に敷いた桟手とその折れ曲がりの臼．（下）川に留綱を張り，木材を受け止める様子．（中右）白鳥貯木場に集められた材木の様子．

大川狩りという木曽川本流から錦織綱場《にしこりつなば》(現岐阜県八百津町)まで水運を利用して運ぶ工程があった。この綱場という名称は川に綱を張り、管流《くだなが》しされた材木を集材したことに由来する。また天領の飛驒の木材は、飛驒川を下り、下麻生《しもあそう》(現岐阜県川辺町)の綱場で綱を組み合わせて木材を受け止めた。錦織綱場や下麻生綱場からは筏を組んで名古屋の白鳥《しろとり》貯木場などへ運ばれた。これが木曽式伐木運材の山中から海までの長い旅程で、木曽材はそこから消費地まで運ばれたのである。

消費地に目を移すと、幕府の御林から江戸や大坂などに運ばれた御用材は「御材木蔵」に収納され、役人によって管理されていた。直轄領から運ばれた年貢米が全国の御蔵に納められ、管理されたのと同様である。この御材木蔵のうち、江戸の管理をつかさどったのが材木奉行で、土木・建築事業において材木調達を担う重要な職であった。寛永年間(一六二四〜一六四四)には常設の組織であったとみられるが、元禄二年(一六八九)に材木奉行・石奉行の職務怠慢による解職から組織改編がなされ、材木石奉行へと統合された。

御用材の材木商が日本橋周辺の本材木町《ほんざいもくちょう》から隅田川沿いの深川の木場《きば》に移転しはじめた寛永年間には、両国橋西詰に矢《や》ノ倉《くら》御材木蔵があったという。この矢ノ倉御材木蔵は御米蔵に隣接しており、ともに隅田川の水運に適した立地だったのである。

こうした幕府の蔵も明暦三年(一六五七)の明暦の大火に前後しておこなわれた江戸の大改造

のなかで、御蔵・御材木蔵とともに隅田川東岸の本所《ほんじょ》に移転することになったが、矢ノ倉御材木蔵も廃止されずに、元禄一一年に類焼するまで継続した。その後は本所御材木蔵に統一されたが、享保の改革のさなかの享保一八年(一七三三)には、隅田川の水運の便が良く、浅草御蔵の対岸にあったこの本所御材木蔵の場所に御米蔵が新たに造営されることになった。

そのため、御用材の材木商の木置場であった猿江《さるえ》が本所御材木蔵の代替地として選ばれた。この猿江御材木蔵の施設配置を通して、江戸における貯木の様子がうかがえる(図4-3)。ここでは約五万五〇〇〇坪の広大な敷地に蔵や役人のための長屋や仮小屋が建っていたが、ひときわ目を引くのが大規模な木材貯蔵用の堀である。そしてそれぞれの堀は水門を介して川とつながっており、御材木蔵内部でも水の浮力を利用した運搬に適した構造としていたことがわかる。この猿江御材木蔵は幕末まで用いられ、明治以降も皇室に引き継がれたが、現在は猿江恩賜公園となっている。

このように一七世紀前半には湯水のごとく森林資源を利用した結果、木曽の森林の保全や別の杣の確保が求められるようになった。そこで目を付けたのが飛騨高山で、ここの幕府御林は良質の木材の供給地として名高い。ただし幕府による取得は元禄五年(一六九二)まで遅れ、それ以前は飛騨国高山藩の金森氏が支配していた。金森氏の時代から飛騨の南方から伊勢湾を経た材木流通のルートが確立しており、飛騨の山林は南方から浸食されていった。この開発によ

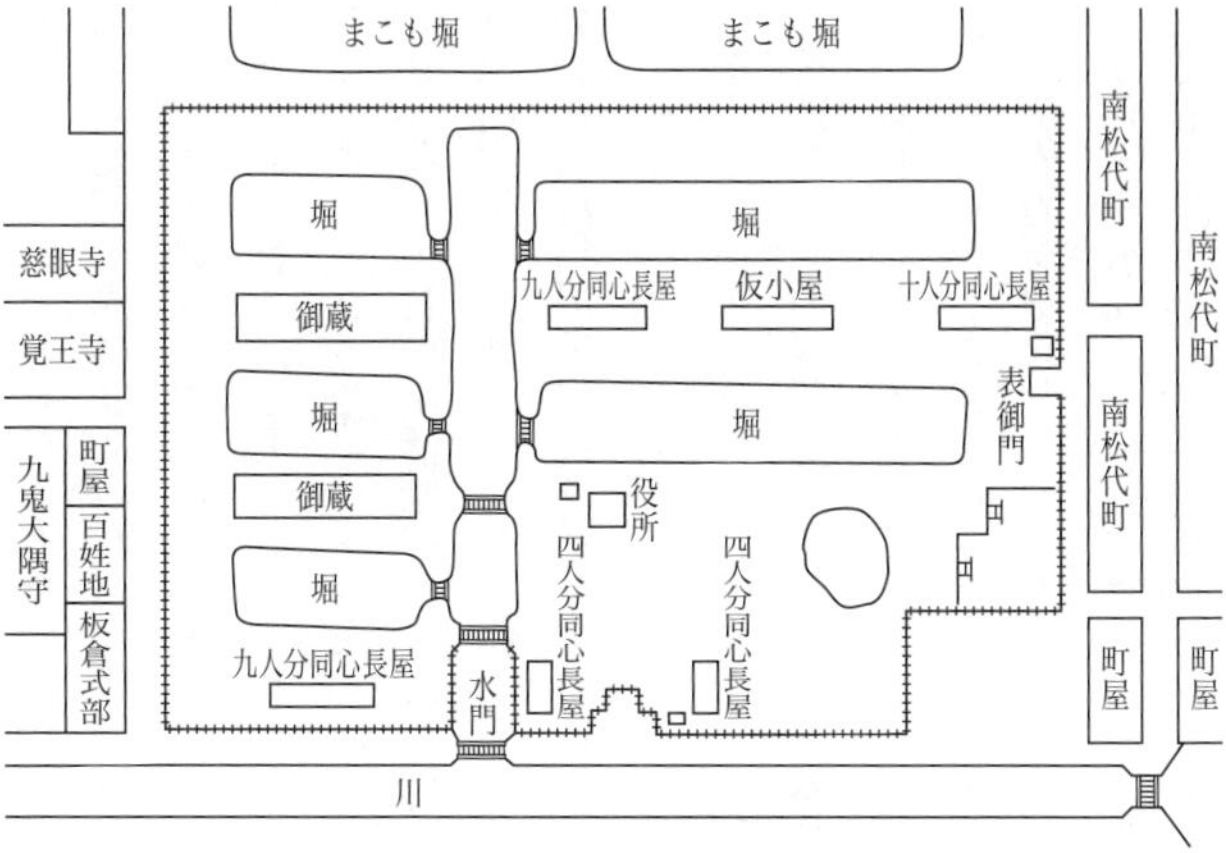

図4-3　猿江の御材木蔵

る山林の消耗は著しく、加えて幕府御林となった後も、外部の請負商人の乱伐により一八世紀前半には飛騨の南方の山々は文字通りはげ山と化していった。この状況は正徳三年（一七一三）の老中への直訴などの成果が実ったことで、同年には地元の村々による御用材の伐り出し（元《もと》伐《ぎり》）制度ができ、しだいに外部商人による請負伐木は廃止され、改善に向かった。同時に元伐は山林での仕事の創出でもあり、経済的に厳しい山の生業の一部として機能していったのである。

享保六年（一七二一）には、飛騨の村々の橋や用水普請の材が不足することを理由に挙げて植林が進められた。もちろんこの利用目的は方便で、植林された木はヒノキ・サワラ・ヒバなど、実態としては御用材の確保が目的だったのであるが、ここには積極的な森林資源の保全が垣間見える。とはいえ、植林から育成には長時間を要するため、先に認められた元伐の供出材も森林の荒廃により、建材に適さない中小木が増加した。その結果、用途のない木材が江戸に大量に送られるという無益な状況に陥ってしまった。材木の利は薄く、むしろ元伐が将来の有益な森林資源を痛めつけるのみという悪循環で、幕府にとっても元伐を継続するメリットはなかった。そのため、明和八年（一七七一）には元伐のかわりとなる山村の生活維持の経済対策をおこなったうえで休山し、森林資源の回復を図るという決断が下されたのである。休山は植林とともに有効な保全策のひとつであるが、裏を返せば、顕著な資源枯渇の状況を示している。

この幕府の飛騨における保全に対して、木曽の山林の様子をみると、尾張藩では重要な森林資源として厳重に管理されていた。山林は巣山《すやま》・留山《とめやま》・明山《あきやま》に分かれており、巣山は鷹狩りの鷹を獲るための場所で、住民の立ち入りは禁止された。留山には有用樹種の繁る山が指定され、全ての樹木の伐採が禁じられた。これに対して、明山では御用材の生産や住民の入会・利用が許されていた。ただし尾張藩は一七世紀末から一八世紀前半にかけて巣山・留山を拡大しており、全体的な傾向としては山林の保護が拡大していったのである。

また宝永五年（一七〇八）にはヒノキとコウヤマキのほか、ヒノキに似るサワラ・アスナロも誤伐採を避けるため、停止木《ちょうじぼく》として伐採が禁止された。さらに享保一三年（一七二八）にはネズコが加えられ、これらを合わせて木曽五木、ケヤキを加えて木曽六木ともいう。この尾張藩による木の保護の厳重さは、「木一本首ひとつ」と称されたことからも知られている。いっぽうで、これら以外については日常生活に必要な家作木《かさくぼく》や薪炭材・柴草などの採取は認められた。

さて日本列島の森林が比較的保全された理由は、これら幕府や尾張藩などの森林保護政策の効果だけではなく、森林に大きな被害を与える放牧が少なかったことも影響している。牧畜は森林を切り開いて牧草地とするだけではなく、家畜が下生えを踏みにじり、根を痛めるため、森林の保全とは相性が悪い。世界的にはヤギやヒツジの放牧により、多くの森林破壊が進んだのに対して、日本列島では放牧は少なく、これも森林の保全には有効に働いたとされる(コンラッド・タットマン『日本人はどのように森をつくってきたのか』)。もちろん日本列島でも一部で牧畜はおこなわれており、飼葉などを山林から得ていた。こうした牧畜のための飼葉や草肥などといった山のめぐみも重要な庶民生活の一部であったが、山林を管理する近世の権力者にとって重要な恩恵は材木であったため、木々を守るべく山林の環境保全も進んだのである。他方で管理強化によって民衆の日常的な利用までもが制限されると、中世までの森林の多様な価値は失われ、商品木材の生産の場へと変化したという側面があることも忘れてはならない。

このように、江戸時代の保全も初期には森林を育むという積極的な保全ではなく、森林資源の使用を制限し、枯渇を防ぐという消極的保全に過ぎなかった。この状況が一八世紀以降、植林や休山といった方法を組み合わせていくことで、積極的な保全が芽生えていったのである。

諸藩と琉球王国の木材経営

山鹿素行や熊沢蕃山の林政論は諸藩の領主層にも影響を与えたが、彼らの指摘は概念的なもので、具体的な造林や計画的な伐採の方法を示していない。そのため諸国の対応策は多様であり、その取り組みについては実例を通してみていこう。

四国は中世以来の林産地として知られており、文安二年(一四四五)に兵庫北関《ひょうごきたせき》に入港した船の記録をみると、阿波や土佐から多くのスギやヒノキの木材を運び入れている(『兵庫北関入船納帳』)。また長禄三年(一四五九)には南禅寺仏殿の柱・冠木《かぶき》・榑《くれ》などの材木が四国から和泉に運ばれており、主要な材木供給地のひとつであったことが知られる。讃岐・阿波・土佐の守護には室町幕府の管領であった細川氏が補任されており、管領の特権で関銭免除の船により四国産の木材を畿内へ運び、交易で潤っていたようである。「洛中洛外図(上杉本)」に描かれた細川管領邸が厚板葺の邸宅であることにも看取できよう。

こうした中世以来の豊富な森林資源は近世にも引き継がれ、戦国大名の長曾我部氏に代わって土佐に入った山内氏により高知城や城下町の建設に利用されている。土佐藩は藩内での利用にとどまらず、材木を京都や大坂に送って利益をあげるとともに、一七世紀前半には幕府へも大量のヒノキやスギを献納している。現に慶長一二年(一六〇七)の駿府城建設のための材木一万本をはじめ、寛永三年(一六二六)の大坂城本丸建設に四万本、同一六年の江戸城本丸建設のための六万本など、相当量の材木の供出が確認できる。

材木は土佐の藩政においても重要課題で、江戸時代前半の土佐の執政であった野中兼山《のなかけんざん》は在任中の寛永一三年(一六三六)から寛文三年(一六六三)まで、幕府への献納や藩財政を助けるための森林伐採をすすめたのであるが、同時にしだいに藩内の森林資源は枯渇していき、明暦期には森林の過剰利用への対策に迫られた。そこで考え出されたのが留山と輪伐法《りんばつほう》である。留山は木曽の例でみたような利用制限である。これに対して輪伐法は長期的な伐採計画で、森林の回復にかかる時間を想定し、それにともなって伐採範囲を限定することで、持続的な森林保全を図るものである。

たとえば、二〇年で森林が回復すると見込めれば、二〇分の一ごとの区画を決めて、その範囲を毎年伐採していき、一巡する頃には二〇年経過して最初の場所の木々が回復すると考えたのである。またヒノキ・マツ・スギなどの建築用材は育成に時間がかかることから、その期間に五〇~六〇年を見込んで、長期の輪伐法がとられた。この輪伐法は熊本藩・萩藩・盛岡藩など各地でおこなわれており、利用制限という消極的保全から一歩進んだ手法である。土佐藩では寛政から文政期には植林も奨励されており、近世を通じて、林政に積極的に取り組んだ藩のひとつである。また明和九年(一七七二)の火災後の萩藩の江戸藩邸再建では、国元から材木・瓦・縄・釘などを輸送している。ここでは国元で部材を加工したうえで一度、組み上げ、それを解体・運搬することで、江戸に材木・材料を供給した(作事記録研究会編『萩藩江戸屋敷作事記録』)。ここにも高騰する江戸の木材事情に対応すべく、国元からの供給、すなわち林産が重要であった一端が表れている。

具体的な森林保全の手法は諸藩の『山林書』から知ることができ、木材資源の育成という観点から諸藩の経営についてみてみよう。『山林書』は林業技術を記したもので、とくに萩藩の『弐拾番山御書付』や琉球王国の『林政八書《りんせいはっしょ》』が著名である。前者はその名の通り輪伐法を中心に計画的伐採の詳細が記され、藩による林政をうかがう貴重な史料である。後者は明治一八年(一八八五)に沖縄県の林政のために琉球王国時代の重要な林業技術書・森林法令八点を編纂したもので、ここから琉球王国の木材利用・植林などの状況を知ることができる。ここでは後者について、もう少し詳しくみていこう。

琉球の地理的要因もあろうが、巨大建築である琉球王府(首里)の建物とともに船の用材、とくに帆柱に用いる大材に対する言及が多い点は興味深い。『林政八書』のひとつである一七三七年成立の「山奉行所規模帳」によると、琉球の杣山が枯渇し、とくに大木の伐り出しが困難になっているため、山奉行を設けて管理を徹底しようとした。そして帆柱用木や大きい材木などが必要な時は北部や中部から伐り出すこととしている。これに加え、大材が少ない原因のひとつとして、丸太を刳り抜いた小船の建造が多いことを挙げており、その新造を禁止し、板を継ぎ合わせた小船を用いることを求めた。さらに船用のリュウキュウマツの巨材が減ってきているので、イジュやイタジイのうち、船の底や船首・船尾の竜骨、帆柱や帆の横木などに使用可能な大材を琉球王府が公用の材として場所や種類、太さなどを御用木帳(帳簿)に記すことで管理することとした。

平時の利用でも、小木の伐採を禁止することで、長期的な大木の育成を目指している。同時に伐木の際には良木ではなく成長の悪い木や曲がりのある木を伐るように求めており、大木の育成を目標とした対策が取られている。この大木の育成は琉球にとってとくに重要な課題であったようで、造船できなければ国が立ちいかないこと、さらには杣山が荒廃して大木が入手できなくなったら薩摩に頼らざるを得ないとも記しており、危惧している(「就杣山惣計條々」)。島々からなる琉球王国では、造船に対する配慮が多い点や島ごとに杣山と用材の方針を定めている点も独特の特徴であろう。

また「山奉行所公事帳」からは木の管理や流通の実態が垣間見える。同書は山奉行が一七五一年に王府からの通達をまとめ、これが法制化されたもので、ここには山の管理や森林の育成・材木流通に関する規定が記されている。とくに御用木帳による管理では、記載された木が枯死した場合は消去して公印を押し、御用材として伐り出した時は付箋を付けて削除することで、その総数を把握していた。具体的な管理方法を示すことで徹底した掌握に努めていたのである。さらにイヌマキ・スギ・コウヨウザン・ヒノキ・センダンなどを貴重な用木と定めて売買を禁じ、運搬の要である港湾にて取り締まりをおこなった。特定樹種の管理と同時に大径木保護の対策もなされている。モッコクについては三〜四寸角の売買が許されていたが、大木を削ってこの規模の材とする不正もみられたため、材の根元を削らずに円形で残しておき、小径木から伐り出したことがわかるようにすることを定めた。ここには流通材の規制にとどまらず、大径木の伐採禁止による育成という政策の姿勢が表れている。

同じく『林政八書』にある「杣山法式仕次」(一七四七年成立)は、一七三七年公布の「杣山法式帳」の補足として公布されたものである。「杣山法式帳」には杣山の地形の見方や保育・管理の方法、山の林相の見方が記され、「杣山法式仕次」には杣山の保育・管理のほか、船や首里城の普請用材や山林利用が述べられており、ここからも現実に即した木の利用方法やその確保に向けた対策がうかがえる。とくに興味深いのが首里城の樹種についての記述である。首里城正殿は、それまでカシで普請していたが、腐りやすいため二〇年ごとに改築する必要があり、巨額の国費の出費の原因となって、士族や百姓らの負担となっていると記している。これを腐りにくいイヌマキにすることで、建物の長寿命化を図るとともに、その造林方法も指示した。

ここでは建材としての寿命とともに、育林にも言及している点は興味深い。琉球王国は杣山が少ないため、用材の調達は重要課題で、その対策が取られたのである。

また木を上中下にランク分けしており、いずれも利用可能なのであるが、このランク外の低級の木であっても長さ五〜六尺(約一・五〜一・八m)となれば、百姓の家屋の用木とすることができ、家屋に適さなくても砂糖樽の用材になるとして、木々の取り扱いに注意することを求めている。また建材に用いられるヒノキ・モミ・ツガ・クスノキなどは重要であったが、他国から取り寄せる状況であり、必要物資を琉球以外に依存する状況は好ましいものではなかった。そのため琉球で入手可能なイヌマキ・モッコク・イジュ・イタジイは建築用材として、リュウキュウマツは中国に渡る唐船の造船用材や陶器焼成用の薪として、それぞれ有用な木で、とくにこれらの植林を奨励している。いっぽうでワラビやススキなどは他の木の発芽を阻害し、はげ山としてしまうため早期に除伐し、他の種子をまいて対策を講じることを求めた。ここにもかなり踏み込んだ杣への関与が表れている。

このように杣山が少なく、建築・造船の両面で大木が貴重な琉球では、山林の管理をするだけではなく、交易の制限や小径木で対応できる薪などの採材方法の通達、大径木の育成に向けた保護などがなされたのである。とくに海に囲まれているという地理上の理由もあろうが、大径木の育成や伐採への格別の配慮は特筆すべき着眼点である。

さて琉球王国以外の森林の積極的な保全についてもみてみよう。一七世紀には消費抑制による森林保全がなされたが、一八世紀後半には一歩進み、各地で育林もおこなわれるようになった。一例として加賀藩を取り上げると、慶長期には御林山を定めて加賀・越中・能登の各国に山奉行を置き、管理に務めた。加賀藩内でも各国・時期により保護された対象は異なるが、元和二年(一六一六)の能登ではスギ・ヒノキ・マツ・ウメ・クリ・ウルシ・ケヤキの七木の伐採が禁じられた。そしていずれの山奉行の下にも足軽山廻と百姓山廻が置かれ、山廻役の業務のひとつとして天明元年(一七八一)には御林山・準藩有林への植林を奨励しており、地元の農民を人夫として植林している。その樹種は土木工事に適したアカマツが多く、建築用材のスギ・ヒノキなどは少なく、藩の財政に寄与するほどの林政を目指していた様子はうかがえない。

いっぽうで、林政に注力した藩のひとつに秋田藩がある。前章でも紹介した秋田藩は東北地方を代表する林産地で、ここでは積極的な林政が執られている。現場では林取立役《はやしとりたてやく》が春と秋に惣山を巡検し、伐採箇所の監視や取り締まりをおこない、藩の直轄林については御山守が保護・取締にあたっている。直轄林でも百姓による炭焼きのための雑木利用などは認められていたが、御留木であるクリ・カツラ・ツキ・ケヤキの被害がないかを御山守が確認することで、森林資源を管理・保護していた。秋田藩の林業政策のなかでも特徴的なものは育林で、その対策は早い時期から確認できる。正徳二年(一七一二)に出された「新林取立方仰渡覚書」によると、対象樹種を問わず、採草地以外はどこでも植林を認め、成長した樹木の半分は村に払い下げるとした。民衆にとってこの払い下げのインセンティブは大きく、育林は大きな効果をあげた。さらに文化年間(一八〇四〜一八一八)には藩によって植林が奨励され、スギの育苗六〇万本、スギの育林約七五万本など、大規模な植林が進められた。このように秋田藩にとって主要な産業のひとつであった林業に対し、役人による保護・管理と百姓への育林奨励が両輪となって、豊かな森林資源が保たれたのである。

二　大火がもたらした流通の変化

明暦の大火と河村瑞賢

「火事と喧嘩は江戸の華」ともいわれたように、大都市江戸では頻繁に火災が起こった。なかには都市の大部分を焼き尽くすものも少なくなく、江戸城をはじめ、各藩邸や寺社から町家に至るまで、建設は絶え間なくおこなわれていた。そのため復興に必要とされる木材も絶えず供給されており、各地からの木材の流通や材木経営と江戸とは切っても切れない関係である。

これらの火事のなかでも明暦三年(一六五七)の明暦の大火は江戸の大半を焼いた大火災であった。この大火で一財産を築いたのが河村瑞賢《かわむらずいけん》である。河村瑞賢は伊勢国の出身で、江戸で土木工事に従事した後、材木商を営むようになった。明暦の大火ではほかに先駆けて木曽福島の材を買い集め、巨万の富を得たとされる。この材木商としての功績にも増して、彼が整備・開拓した東廻り航路・西廻り航路が流通に与えた影響は計り知れない。東廻り航路は日本海側の酒田から津軽海峡を経て房総半島を回って江戸に入る航路であり、西廻り航路は酒田から佐渡・能登・石見などを経て、瀬戸内海に入り、大坂・伊勢を経て江戸に至る航路である。いずれも米の輸送を主とするものであるが、この輸送路は材木の流通にも深く関係している。

このように海上輸送で江戸に持ち込まれた木材は沿岸部の材木河岸に貯蔵されるのであるが、明暦の大火以前の材木商の木場は日本橋付近にあった。これが明暦の大火以後に加速した寺社や大名屋敷の郊外移転に合わせて、隅田川東岸の本所・深川の開発が進み、木場も新たに深川に設けられた。この深川の木場も昭和四四年(一九六九)には新木場に貯木場が移ったため、貯木場は埋め立てられ、現在は木場公園となっている。

この各地からの木材供給による市場流通の活性化には、近世の建設のありかたが少なからず影響している。近世には入札・請負という施工形態に変わっていき、市場からの購入による材木確保という方法が増えていった。そのため材木は重要な商品として全国各地から江戸に運び込まれ、その入手範囲はより広域に拡大した。これは明暦の大火以前から起こっていた傾向で、たとえば鹿島神宮では現在の諸社殿が徳川秀忠により元和五年(一六一九)に建立されたが、この時の建材は江戸から、檜皮は信濃から上野国を経て利根川を下って運ばれた。もちろん江戸は生産地ではないから、各地から江戸に集められた材木が送られたのであろう。

こうした市場における材の購入は木材確保の効率化の面では利点であったが、中世のような工匠による山林での検分という品質の担保が失われ、これが大きな課題となった。この問題に対応すべく、近世においても工匠が購入材の検分で重要な役割を果たしていた。時代の下る事例であるが、福井県鯖江市の舟津神社は、「舟津社記」によると寛保二年(一七四二)に遷座したといい、現在の本殿は文化一三年(一八一六)に再建の釿始めで、文政三年(一八二〇)に竣工した。棟札のほかに四五〇点に及ぶ再建や修理関係文書が残っており、入札の落札者が用材を納入したことが知られる。ここでは落札材の良否については棟梁が判断し、採否を決めると請負の覚書に記されている。ここに棟梁の材の検分に対する責任と材木を見極める眼の確からしさが看取できる。

こうした木材の質の担保に課題があるいっぽうで、江戸の火事の際に、迅速な木材の供給は商売上の利点である。そのため、遠隔地の天然林から木を伐り出して運ぶよりも江戸近郊で人工林を育てることは、時間的優位性と山中の難所からの伐り出しの回避という二つのメリットを生む。そこで青梅《おうめ》に人工林が設けられ、ここの小丸太は有名である。青梅から伐り出された材は多摩川によって数日のうちに江戸に輸送でき、江戸の火事後の需要に応えたのである。

さて幕府や藩、寺社などの求めるような大径材・長大材は入手に苦労をともなったのであるが、これは市場では流通しにくかったようである。安政三年(一八五六)には尾張藩領の美濃国恵那郡川上村《かわうえ》(現岐阜県中津川市)からのヒノキの伐り出しを尾張藩勝手御用達の岩井助七が落札したが、そのヒノキが存外に大材であったため、市場流通には適していなかった。そこで岩井は幕府へこの巨材の買い上げを願い出たという(徳川林政史研究所編『森林の江戸学』)。実際に幕府が買い上げたかは不明であるが、この一件は市場での木材の流通性の高さを示すと同時に、大材が市場流通に適さないことを示している。つまり支配者層に需要の高い巨大建築のための大材と一般的な需要の高い木材とが乖離しているのである。そしてこの裏には、市場の求める小径木の伐採が大木の育成を阻害するという育林への影響も読み取ることができる。

以上のように近世には大径材・長大材のような特注材を除き、流通材の購入、さらには入札という方法が広まっていき、山林と造営現場の間に材木商・市場という緩衝材が入ったことで、いっそう森と木材との直接的な関係性は低下し、商品としての性格がより強くなったのである。

奈良屋茂左衛門の知恵

江戸の材木商といえば、紀伊国屋文左衛門と奈良屋茂左衛門《ならやもざえもん》が有名である。紀伊国屋文左衛門については、幕末の小説『黄金水大尽盃《おうごんすいだいじんはい》』にある紀州のミカンを江戸で高く売ったという逸話を耳にしたことがあろうが、史実は材木商として財を成した人物である。駿府の豪商松木新《まつきしん》左衛門《ざえもん》と組んで元禄一一年(一六九八)の上野寛永寺根本中堂の造営で巨利を得たほか、元禄一三年の香取神宮(千葉県香取市)の造営では駿河や遠江の木を採材して調達した。

もう一人の奈良屋茂左衛門も日光東照宮の御用材で財を成した材木商である。ともに紀文、奈良茂の名で庶民にも知られ、吉原での豪遊を競うほど羽振りが良く、当時の材木商の豪商ぶりがうかがえる。彼らが活躍したのは五代将軍綱吉の治世で、寺院の建立や修理など、材木商の潤った時期である。

奈良屋茂左衛門(以下、奈良茂とする)の活動は『江戸《えど》真砂六十帖《まさごろくじゅうじょう》』(作者不詳)という随筆からおおよそを知ることができる。この随筆は元禄二年(一六八九)に生まれた著者が江戸の珍事を記したもので、これらをもとに竹内誠により奈良茂の材木商としての活動が明らかにされている(竹内誠「材木豪商・奈良屋茂左衛門考証(上)」)。

奈良茂の出自は裏長屋住まいの材木商の車運搬労働者であったといい、そこから日光東照宮の御用材で利益を上げ、成り上がった経緯が記される。天和三年(一六八三)に日光で大地震があり、東照宮の修理用材の入札がおこなわれることになった。その材木には無節のヒノキが大量に必要であったが、江戸ではこうした良質の木材は柏木という木曽檜問屋が独占的に扱っており、入札者は事前に柏木に値段交渉の上で、入札金額を弾かねばならなかった。とくにこの時の地震後の造営ではかなりの量が見込まれることから、柏木の売価も通常よりも高く、入札価格の高騰が予想された。

しかし奈良茂は柏木に相談せずに通常の値段で積算し、他の入札者の約半額で落札した。落札後、柏木に赴き、江戸に御用木に適した材木はほかにないので売るように頼んだのであるが、柏木側は事前交渉のなかった奈良茂を快く思わず、そのようなヒノキはないと追い返した。

そこで奈良茂は奉行所へ赴き、柏木が深川の木場に大量のヒノキを保有しているにもかかわらず、奈良茂に御用材を売らないので、奈良茂が幕府へ滞りなく普請用材を納入できるよう、町奉行から柏木に命じてほしいと訴え出たのである。これを受けて柏木は奉行所に召し出されたが、少量はともかく、大量のヒノキはないとの主張をしたため、実地検分となった。その結果、奈良茂の案内により深川の木場で十分すぎるヒノキを発見し、柏木のウソは露見した。この虚偽申告や御用材供給への非協力的態度から柏木は家財召し上げ、主人や手代らは島流しの処分となり、奈良茂は無事に御用材を納入することができた。話はここで終わらず、材木の代金の支払先の柏木が島流しとなったため、奈良茂はこれも支払わずに済み、さらに約二万両相当の余った材木も受取人がなく、いつしか奈良茂の所有となったという。

これは随筆であるため、史実であるかは明らかではないが、材木商が巨財を得ていた様子がわかる。経済的な側面にとどまらず、その流通を牛耳ることで江戸やその周辺の普請にも影響力を持ち、これが建設費の増大、ひいては幕府や藩の財政をも圧迫しかねない社会状況であったことが透けて見える。木材の流通は材木商による経済活動と表裏一体の関係だったのである。逆にいえば、こうした材木市場の事情があったからこそ、幕府や諸藩が積極的に材木経営をおこなったり、江戸藩邸の再建では費用を抑えるために材木を領国から運搬したりしたのであろう。

海運と木材流通

近世の材木の流通を通して、海運による広範かつ密接な交流の様子がみえてくる。とくに東北地方と若狭方面を結ぶ航路は重要で、近世初頭には下北半島の良材が京都・大坂の建設の一端を支えていた。南部藩では下北半島の田名部《たなぶ》(現青森県むつ市)周辺、三陸沿岸地域、内陸の鹿角《かづの》郡などが材木の産地であったが、なかでも豊かな森林に覆われた下北半島は主要な産出地で、その搬出は田名部湊(下北半島先端部)や野辺地《のへじ》湊(陸奥湾の南東隅)を通じておこなわれた。

これらの港には北陸の小浜《おばま》・三国《みくに》などの上方の廻船が多く、松前船・越前新保船・北国船や遠く長崎や唐津の廻船もあった。廻船のほとんどは材木の商船であり、海を通じた上方と南部の太いパイプの象徴でもあった。

南部藩からは寛永期から延宝期まで多くの木材が搬出され、藩財政に占める木材流通の収益は非常に大きかった。南部藩の木材流通をみると、山林経営と運送の両者の密接な関係性がみえ、木材を運ぶ運上請負人が杣の労働者(杣取人)を雇い、伐木作業もおこなっていた。すなわち流通の川上と川下の両者を一手に握ったのである。これは伐採と遠隔地における販売の一体化を示すもので、請負商人による山林への介入が大きかったことの表れである。ただし伐採に必要な鉄や麻糸は現地調達とするよう義務付けており、外部資本の経済効果が現地に及ぶように配慮している。この運上請負人は競争入札によって決まったため、酒田・江戸・仙台・和泉など、各地の商人が請け負っており、独占的な支配にはならなかった。いっぽうで目まぐるしく替わる外部の介入は持続的な森林経営ではなく、短期の利益追求に重心が置かれるという弊害をもたらすこととなる。南部藩でも延宝期以降、森林資源の枯渇がすすみ、田名部からの産出は減少していった。

これに対し、秋田杉の産地で、林政に力を入れていた秋田藩の状況をふりかえってみると、ここではあくまで伐採・搬出は領主の介入のもとでおこなわれ、廻船業者は能代(野城)湊で材木を買い受け、それを遠隔地に運び、販売していた。すなわち材の生産地である杣への外部の立ち入りを禁じ、厳しい領主支配がなされたのである。

東北地方に限らず、海運の発達による材木商の活動範囲の拡大もみえる。延宝六年(一六七八)の江戸両国橋の架け替えの用材調達では、松尾市山(現宮崎県椎葉《しいば》村)のマキの伐り出しを江戸の材木商太田屋与六が請け負った。椎葉周辺はアカマツのほか、ツガ・スギ・マツなどの林産地であり、木材とともに木炭が有名で、大坂を中心とする畿内との交易が盛んであった。この松尾市山から江戸の架橋用材を得ようとしたのであるが、太田屋は越前国から伐り出しのための杣師を引き連れて入山している。伐り出した材は耳川河口まで下り、美々津《みみつ》港(宮崎県美々津町)から江戸へ天和二年(一六八二)に輸送されたという(『人吉市史』)。この江戸の材木商による請負や北陸の杣師による伐り出し、日向国から江戸までの輸送はいずれも海上交通路と木材流通の深い関係性をよく示しているのである。同時に、江戸のインフラが地方から集められた木に支えられていたことがわかる好例であろう。加えて、運搬賃を払ってでも遠隔地から木材を運んだ様子から、江戸近辺における木材、とくに巨材の入手困難な状況も垣間見える。

時代が下って明治期にも海運による木材流通は継続したが、材木にとどまらず、それを扱う工匠も海を渡った。越後の出雲崎《いずもざき》は佐渡の金銀の荷揚げ地であり、さらに北前船の寄港地という要衝の地で、幕領として栄え、そこには寺社造営に長けた工匠が多く存在した。彼らは出雲崎大工として各地で活躍しており、明治以降にはその活動範囲は北海道にも展開している、その一人伊藤亀太郎《いとうかめたろう》は出雲崎で大工修行をしたのち、明治一八年(一八八五)に北海道に渡り、旭川第七師団司令部庁舎の下請けをはじめ、鉄道工事や旧札幌停車場・旧札幌中央郵便局などを建設したのであるが、建築に必要な製材業や山林経営も手掛けていた。文字通り、北海道の林野を切り開いた人物である。

同じく越後柏崎《かしわざき》出身の大工として篠田宗吉《しのだそうきち》(惣吉)がいる。篠田宗吉の名は襲名されており、初代は一八世紀から越後周辺の造営を手掛けたことが知られ、四代宗吉が北海道に渡って活動している。とくに明治三〇年(一八九七)頃に函館の高龍寺で開山堂・本堂を造営しており、さらに明治四三年頃から山門・金毘羅堂・水盤舎・鐘楼など伽藍全体の造営を担った。もちろん、篠田宗吉一人の手によるものではなく、配下の工匠を引き連れての一大造営であった。彫刻・石工・鋳物などについては、棟梁から独立して活動をすることもあったが、高龍寺で篠田と活動した彫工の池山甚五郎、石工の小林群鳳、鋳物師の荻野丈助らは、各地に残る棟札などから何度も篠田と協同で造営にあたっており、工匠が集団で活動していたことが判明している(東京大学大学院工学系研究科建築学専攻建築史研究室編『高龍寺建造物調査報告書』)。このほかにも篠田は北斗市の光明寺本堂、増毛《ましけ》町の厳島神社など、道内で幅広く造営に従事していた。明治期に北海道の開拓と合わせて、新潟から海を渡った工匠たちが北の大地で腕をふるったのである。

この海路により新潟から北海道へ移動したのは人だけではない。建物も移動しているのだ。道東の厚岸《あっけし》にある真宗大谷派の正行寺《しょうぎょうじ》本堂は新潟県糸魚川市の満長寺《まんちょうじ》本堂を購入し、移築されたものである。真宗大谷派は北海道の開拓とともに布教活動に勤しんでおり、明治初頭には函館・札幌に別院が置かれた。対して道東の布教はやや遅れたが、真宗大谷派は太平洋側の調査を進め、明治一二年には説教所設立を役所に願い出ている。厚岸は松前・函館と根室・千島の中継地として重要な港であり、布教においても拠点と見込んだのである。そこに札幌別院から朝日恵明がやってきて、民家を借りて厚岸説教所を始めたのが正行寺の始まりである。ちなみに恵明も新潟出身の僧である。

現在の本堂はもともと寛政一一年(一七九九)に満長寺に建立されたもので、明治四二年(一九〇九)に現地で検分の上で購入が決定された。そこから解体されて、糸魚川押上《おしあげ》より海路で厚岸港まで運ばれた。港からは檀家信徒らが力を合わせて運び入れ、明治四四年には遷座式をおこない、正行寺本堂として現在の地に建設されたのである。なお、正行寺には本堂移築時に鐘楼が建てられたが、その時の梵鐘も富山県高岡市から運ばれてきたものであった(戦時供出により滅失)。遠く離れた北陸と北海道の木の文化が、海路を介して繋がっていたことを示す好例である。

三　広がる樹種の選択

ケヤキの利用と諸寺の復興

近世に入ってよく用いられるようになった樹種はケヤキである。井上靖の『欅の木』は、武蔵野の美しさはケヤキの美しさであり、東京はかつて美しいケヤキの都であったと記す。この小説の発表された一九七〇年頃にはケヤキが人びとに愛されていたが、同時に大気汚染や開発による森林破壊が進んでいた。井上はこれを批判的に取り上げつつ、人びとの木への想いを織り交ぜてケヤキを取り巻く状況を描いている。

現代の東京でケヤキの森というと表参道のケヤキ並木を思い浮かべるかもしれないが、これは大正九年(一九二〇)に明治神宮の創建にともなって整備されたものである。それも空襲で多くが失われ、現在の並木は戦後に植樹されたものである。近世以前にさかのぼるケヤキ並木としては、府中市の馬場《ばば》大門《だいもん》のケヤキ並木がある。これは大国魂《おおくにたま》神社から北に約五〇〇mにわたって延びる参道沿いの並木で、その由緒には諸説ある。そもそも大国魂神社の周辺は古代に武蔵国の国府がおかれた地で、古いものでは国府の街路樹として植えられた説、また源頼義・義家親子が前九年の役の凱旋の際に苗木を寄進した説がある。そして江戸時代には徳川家康により、慶長一一年(一六〇六)に大国魂神社の造営や馬場の寄進がなされ、それにともなって並木が整備された説や、その後の大国魂神社の焼失から寛文七年(一六六七)に再建されたときに整備された説などがある。淵源がいずれであるにせよ、江戸時代にはこのケヤキ並木が大国魂神社の参道を彩っていたとみられる。

この例をみても人びとにとってケヤキは身近であったことがわかるが、江戸時代以降、建物の樹種選択にもそうした傾向が表れてくる。これまで述べてきたように、古代・中世にもヒノキ以外の樹種が用いられてきたが、ヒノキ信仰も根強かった。ヒノキ以外の樹種の積極的な使用は、先述の古代建築の隅部におけるケヤキや屋根材のコウヤマキのように、あくまで材料特性に応じたごく限られた部分的な使用であった。近世においても適材適所の樹種の使用は継続され、化粧材ではヒノキのほかにも、モミ・スギなどは造作材(床廻りや天井などの構造に関わらない仕上材)、トガやマツは構造材と使い分けられている。そしてケヤキは意匠と強度の両面で優れることから、構造材や床板などの造作材だけではなく、両者を必要とする組物などにも用いられた。いっぽうで通常、目に触れることのない野物材ではマツ・トガ・モミ、とくに大断面の部材にはマツが多い。また下地の材などはスギやヒノキで、これらには耐水性を期待したとみられる。

もちろん近世の農家はマツやスギで建てられ、ヒノキを用いないことも多いが、寺社でも中世以降、多様な樹種の使用、とくに化粧材のみに限定してヒノキを用いる手法が現存建築から確認できる。

明確な使い分けではない混用も多いが、意図的に部位ごとに使い分けた例も少なからずある。化粧材をヒノキあるいはヒバ、野物材をマツとする手法は中世以来のもので、近世にも継承されている。古くは東大寺鐘楼にみられるが、薬隆寺八幡《やくりゅうじはちまん》神社(勢野《せや》八幡)本殿(奈良県三郷町、永正一一年〈一五一四〉頃)・四天王寺方丈(大阪市、元和九年〈一六二三〉)・長遠寺《じょうおんじ》本堂(兵庫県尼崎市、元和九年〈一六二三〉)などがあり、ヒノキを化粧材に限定して意識的に用いている。ヒノキがふんだんにあれば、すべてヒノキを使用すればよいので、ここからもヒノキの良材の減少と、それに対応した貴重なヒノキの意匠部位への限定という樹種選択の変化が表れているのである。

ヒノキとマツの組み合わせ以外では、功山寺《こうざんじ》仏殿(山口県下関市、元応二年〈一三二〇〉)で柱をイヌマキ、それ以外をヒノキとするように、不足材として用いる例や、羽賀寺《はがじ》本堂(福井県小浜市、文安四年〈一四四七〉)のようにヒノキを用いず、ケヤキの柱や組物とマツの桁や妻飾りなどを組み合わせた例も中世からみられる。同様にほぼすべての材をサワラとした旭田寺《きょくでんじ》観音堂(下郷町、嘉慶二年〈一三八八〉)や、マツとした長福寺三重塔(美作市、弘安八年〈一二八五〉)など、中世から多様な樹種選択が確認できるが(第三章参照)、いずれもヒノキ以外の特定の樹種を珍重して用いたとまでは判断し難い。

これが近世の寺社を中心に、ヒノキ以外の樹種でも構造的な特性だけではなく、意匠面を好んだ利用も広がっていく。その代表的な樹種が、すでに述べたケヤキである。ケヤキ元来の硬さを活かした限定的な使用は近世に入っても継続しているが、これらの構造的な要求による樹種の選択に加えて、ケヤキの木材としての性質、木肌などの意匠面を好むようになったのである。

図4-4　瑞龍寺の欅普請の伽藍（中央の仏殿の背後が法堂）

この傾向の最たるものが「欅普請」で、瑞龍寺《ずいりゅうじ》法堂（図4-4、高岡市、明暦年間〈一六五五〜一六五八〉）・妙心寺仏殿（京都市、文政一〇年〈一八二七〉）・新勝寺（千葉県成田市）の諸堂など、すべての材をケヤキとする総欅造《そうけやきづくり》の建物が建てられるようになった。妙心寺や新勝寺では木部が塗装されているが、瑞龍寺では素木で伽藍を構成しており、ケヤキの美しい木目をそのままデザインとした。この木目や風合いを生かしたケヤキの使用は新しい木の魅力の発見であり、近世における樹種選択と建築美の融合という地平を切り開いたのである。

ケヤキ以外にも樹種独特の光沢や木の表情を好んで、アカマツのみで建てる「松普請」や、年輪が密につまり、落ち着いた風合いのツガによる「栂普請」などがあり、これらは座敷をもつ住宅にみられる。ツガはとくに関西以西で好まれ、その流れは近代にも引き継がれ、建築文化のひとつとして成熟していった。ツガはヒノキに比べてやや重く硬い性質があるが、良質の建材として寺社建築にも用いられており、古くは八幡《はちまん》神社本殿（鹿児島県伊佐市、永禄二年〈一五五九〉）で栂普請としたことが知られる。また東日本でも静岡浅間《しずおかせんげん》神社の境内にある麓山《はやま》神社透塀《すきべい》（静岡市、文政八年〈一八二五〉）はすべての材がツガで、同本殿もほぼすべての材をツガとしており、西日本に限らず、ツガは建材として広く用いられたようである。

このように近世に入って使用する樹種が拡大し、構造的な特徴だけではなく、それぞれの木の色味や木肌などの特徴に魅力を見出し、それを価値付けることで、その先に樹種名を冠した○○普請というような、樹種を前面に押し出した建築が生み出された。すなわち木が単なる材料としての存在を超え、樹種自体の価値が形成され、それが広く認識・共有されることで、新たな文化が醸成されていったのである。

数寄の隆盛と銘木

樹種をはじめとする銘木嗜好は茶室や数寄屋の世界で強い。とくに茶人により茶室が整えられていくと、書院造に代表される既存の格式張った建築空間を離れるようになる。茶室の成立以前にも茶の文化はあったが、そこでは別室で茶を点て、それを座敷飾りのある部屋に運んでいた。その空間は茶の湯棚の茶道具や床の間の唐物などの道具で飾られ、格式を重んじるものであった。

これに対して、茶の専用建築としての茶室はこうした既存の格式から離れ、自然で素朴な草庵風の意匠を好み、「市中の隠」というような都市部においても山居を創り出すことを求めた。その表現として、土壁や下地の竹のみえる窓などに加え、煤竹《すすたけ》や植物を編み込んだ網代《あじろ》、面皮《めんかわ》付きの材などの素朴なものが茶室の材料に持ち込まれた。これらの植物材料も粗野にみえるものの、実は選び抜かれた繊細な材料であり、茶室の小空間に緊張感を与えている。その嗜好は樹種だけではない。あえて節のある木の選定にはじまり、その節の位置にも気を配り、さらに曲がった柱(奇形木)や流木などにもおよんだ。こうした部材のひとつひとつにまでこだわることで、木そのものの評価を積み重ね、銘木の概念が成立していった。なお、銘木の語自体は明治時代に成立したとされるが、その概念は古くから存在しており、ここでは近世のものも含めて銘木と称したい。

樹種の選択にとどまらず、その仕上げ方法にまで嗜好が及んでいる。中世にはダイガンナの登場により、平滑な材が作られるようになったことはすでに述べたが、あえて民家で用いられるようなチョウナ斫りやヨキ(オノ)による「なぐり」というような荒い加工も、それ自体がデザインとして好まれた。

茶室の展開過程において銘木の成立は早かったようで、一六世紀末から一七世紀前半までの間にその兆候がみえる。たとえば利休関連の茶室の床周辺の樹種をみていくと、妙喜庵待庵《みょうきあんたいあん》（京都府大山崎町、天正一〇年〈一五八二〉）では床柱《とこばしら》に皮付きのキリ、床框《とこがまち》にはキリのしゃれ木を用いている。また利休の伏見の茶室を移したとされる高台寺傘亭《こうだいじからかさてい》・時雨亭《しぐれてい》（京都市）では、傘亭の床柱に面皮のスギやクリ丸太、時雨亭では床柱はスギ丸太、床框は沢栗色付とする。さらに織《お》田有楽斎《だうらくさい》による如庵《じょあん》（愛知県犬山市、元和四年〈一六一八〉）では床框を真塗の丸面取りとするいっぽうで、床柱はスギの「なぐり」とすることで、塗装と加工という二つの方法により、格式と侘びという相反する要素を同居させている。このように一六世紀末から一七世紀前半というごく短期間に、銘木の選択樹種の拡大や木材加工のデザインへの昇華がみられるのである。

この茶室の侘びの雰囲気を醸成する皮付き・荒い加工といった手法は数寄屋風書院造にも波及していき、とくに座敷廻りを中心に銘木が用いられた。そして近代以降の数寄屋の趣向にも継承され、座敷廻りに面皮付きのサクラ・サルスベリなどに加え、シタン・コクタンなどの外国産の材も加わり、樹種の多様性はさらに拡大していった。現在の住宅の和室でもこの銘木嗜好は継承されている。

江戸時代の銘木好みについては、加賀藩主の前田綱紀《つなのり》（一六四三〜一七二四）による「百工比照《ひゃっこうひしょう》」という美術工芸品の蒐集資料から知ることができる（表4）。これをみると、多種多様な樹

表4 「百工比照」木之類に記された銘木

樹種	板目	正目(柾目)	その他	樹種	板目	正目(柾目)	その他	樹種	板目	正目(柾目)	その他
こくたん	○	○	白板	くねんぼ	○	○	×	ちさの木	○	○	×
たうきんこくたん	○	○	白板	なしの木	○	○	×	しなの木	○	○	×
したん	○	○	×	やまもも	○	○	×	こがの木	○	○	×
あふらしたん	○	○	×	すもも	○	○	×	かつら	○	○	×
たかやさん	○	○	×	ぐみの木	○	○	×	うつぎ	○	○	×
くわりん	○	○	×	きこく	○	○	×	おほたら	○	○	×
てりもく	○	○	×	ゆの木	○	○	×	にはとこ	○	○	×
びんらうじ	○	○	×	むくの木	○	○	×	桐	○	○	ちゝみ
すはう	○	○	×	だむの木	○	○	×	やき桐	○	○	×
びゃくたん	○	○	×	いすの木	○	○	×	杉	○	○	(注)
からせんたん	○	○	×	さくらの木	○	○	×	やき杉	○	○	×
せんたん	○	○	×	ほうの木	○	○	×	くろべ	○	○	うつら目・細目
さつませんたん	○	○	×	やなき	○	○	×	檜(檜木)	○	○	細目
くろかき	○	○	白板	はこやなき	○	○	×	もみ	○	○	うづら目・細目・板目木色砂すり・正目砂すり
白かし	○	○	×	かいで	○	○	×				
赤かし	○	×	×	ひいらぎ	○	○	×	さはら	○	○	うつら目・細目
くすの木	○	○	×	もつこく	○	○	×	くさまき	○	○	うつら目・細目
うるしの木	○	○	×	しきみ	○	○	×	赤つか	○	○	うつら目・平目
ゑんじゅ	○	○	×	くろもんじゅ	○	○	×	白つか	○	○	うつら目・細目
ぼだいじゅ	○	○	×	ぶなの木	○	○	×	くわ	○	○	まき目
はぜの木	○	○	×	いたぎ	○	○	×	けやき	○	○	まき目
つげの木	○	○	×	はんさ	○	○	×	きはだ	○	○	まき目
いぬつげ	○	○	×	さるすべり	○	○	×	しほうじ	○	○	まき目
むめの木	×	○	×	くぬき	○	○	×	とち	○	○	×
梅の木	×	○	×	しいの木	○	○	×	さはくり	○	○	まき目
かやの木	○	○	×	はゝその木	○	○	×	松	○	○	×
くりの木	○	○	×	まつき	○	○	×	五よふ松	○	×	板目が重複して記述．柾目カ
かきの木	○	○	×	みづき	○	○	×				
びはの木	○	○	×	まゆみ	○	○	×	地くは	○	○	×

＊現在の樹種名が不明のものも多いため，樹種の表記は史料のままとした．
＊杉には「杉ちゝ見，杉かつら目，杉細目，板目やき杉，正目やき杉，杉板目いろ砂磨，杉正目いろ砂磨，杉板目いろ付砂磨，杉正目色付砂すり」が記される．

種が珍重されただけではなく、板目・柾目という木取りへの配慮と合わせることで、銘木としての価値が形成されていたことがわかる。またここには唐木も多く含まれており、中世から継続して舶来の材が好まれたことも確認できる。

細かくみていくと、稀少な樹種を銘木とするだけではなく、特殊な木目や加工に価値を見出しており、なかでも「杉」の記載は多い。木目も一般的な板目・柾目のほかに「杉ちゝ見、杉かつら目、杉細目、板目やき杉、正目やき杉、杉板目いろ砂磨、杉正目いろ砂磨、杉板目いろ付砂磨、杉正目色付砂すり」と記され、銘木の要素として磨きや焼きなどの加工も強く意識され、それらに価値を見出していた。ここからも樹種だけではない、多面的な銘木の価値観がうかがえる。

数寄屋における銘木といえば桂離宮《かつらりきゅう》を思い浮かべる方も多かろう。桂離宮の建築評価については他書に詳しいので、ここでは木材に絞って取り上げたい。桂離宮は八条宮家初代の智仁《としひと》親王によって元和元年(一六一五)頃に古書院が建立され、その後、智忠《としただ》親王に引き継がれ、寛永一八年(一六四一)頃に中書院、寛文二年(一六六二)頃に新御殿と順次、諸建築や庭園が整えられていった。いずれも杮葺の入母屋造の屋根とし、高床に細い面取り角柱とした軽やかな建築である。

まずは、いわゆる銘木の使用が桂離宮の特徴である。新御殿の上段の間では、円弧状櫛形書院窓に加え、違い棚や袋棚の高さを変えて組み合わせた立体的な棚を構成としており、数寄の意匠を凝らしている。この造形意匠もさることながら、樹種をみても、棚板にケヤキ、戸棚の羽目板にシタン・ベニカリン・キャラ・タガヤサンなど、框にビンロウジュやクワ、書院甲板にカラクワと多彩な構成で、それぞれの木目・色味の微妙な違いにより、陰影のある良質の空間を生み出している。やはり桂離宮でも海外から持ち込まれた銘木が珍重されたのである。

これらのわかりやすい銘木の使用だけではなく、古書院は民家などで多く用いられるマツで建てられており、床柱もマツである。一見すると、粗野な材を採用したようにも思えるが、このマツも銘木なのである。マツは木の性質上、木目がまっすぐに通りにくいが、古書院の柱は目の細かい四方柾（第一章参照）のマツで、膨大な木々の中から選りすぐった良木である。すなわち素木の素朴さをみせつつ、こうした稀少な木材を用いることで、贅を凝らしているのである。

新御殿では、節のあるスギの柱が目に付く。一般的には節のない材が良いとされるが、この新書院ではあえて節のある木を選んでいるのである。しかも、その節の見せ方にまでこだわっており、木材の見立てによるひとつひとつの節やその位置にまで配慮が行き届いている。さらに、この節も無作為に選んだのではなく、人為的に関与した苦心の作である。そもそも節は枝の跡であるが、桂離宮の面皮付き柱の節をみると、これが十分に樹皮に包みこまれていないものがある。無作為に枝打ちした場合、こうした節の形状にはならないので、これは節の意匠を生み出すべく、計画的に枝打ちし、この枝打ちの数年後に頃合いを見計らって伐採したとみられる。まさに木材を樹木の段階から選定して育てるという、長きにわたる心配りの上に桂離宮は成り立っているのである。

これらの桂離宮の主要建材は八条宮家の領地内の丹波材を運んだとみられているが、産地における森林育成、適切な時期の伐採・杣出し、そして材の見立てまで、山林と建設地という二つの現場での心配りが合わさって数寄の粋の込められた桂離宮の美が生み出された。すなわち、ここには生産地と消費地とを合わせた木の総合文化が凝縮しているのである。

北山杉——銘木の生産

本章の冒頭で幕府・藩による林業や森林環境の保全について述べたが、これらは一般的な建築用材で、銘木の育林とはやや趣を異にするものである。前項で述べたように、数寄屋の用材と山林での育林には深い関係があり、その代表例として京都市北部の北山杉がある。北山杉は床柱や化粧垂木に用いられ、銘木として著名であるが、木そのものの意匠的な特徴だけではなく、育林の面でも大きな影響を与えた。その起源については諸説があるが、遅くとも江戸時代初期には成立していたとみられる。

スギ材のなかでも樹皮を剝いで磨き上げた磨き丸太は自然の風合いを残しており、数寄屋建築で好まれた。伝統的な丸柱や書院造の角柱とは異なり、不均一な太さや少なからず湾曲する点に数寄の趣を見出したのである。とくに、ある程度均一な太さで無節の磨き丸太は銘木化していく。もともと磨き丸太は自然の風合いを活かし、これを好んだ材であったから、天然木から作られていたが、しだいに需要にこたえられなくなってくると、植林による生産が試みられ始めた。しかし木はどこでも直立に育つわけではなく、加えて根から頂部に向かって細くなるのが一般的であるから、均一な太さでかつまっすぐな磨き丸太の確保は困難だったのである。さらに幹の途中で枝が広がり、枝打ちしても表面には節も出てくる。節には生節・死節・小節などがあるが、いずれも美的側面から木材の価値を下げるとされるため、節のない木材を目指して、試行錯誤が繰り返された。

また、磨き丸太と同様に表面にヒダヒダが筋状に入った絞り丸太というスギの変種が発見され、これも珍重された。早い例では、寛文三年(一六六三)の桂離宮新御殿の御寝《ぎょしん》の間の長押に天然の北山杉の絞り丸太が用いられている。立地条件によって後天的に絞りが付くため、非常に稀少であることに加え、自然の摂理に左右された偶発的な生成過程が材の由来を重視する侘びの精神とも合致し、近代に入っても最高級の数寄材として好まれた。

これらの自然の偶発性を克服したのが北山杉の林業で、その特徴はまっすぐで本末《もとすえ》(根元と先端)がほぼ均一の太さ、無節、木肌が白く光沢をもつことである。現代の状況であるが、北山の磨き丸太の生産工程をみてみよう。その第一歩は植林の前から始まっている。北山では苗木を台木《だいぎ》に挿し、育成する台杉仕立てという方法をとっている。同じ性質の木が育つという特性を生かして、曲がりにくく、木肌の美しい木の枝を品質の良い親木の切り株に挿し木するのである。北山では長い年月をかけて優良な品種を選び抜き、この方法を開発してきた。

その後、下草刈りや一〇年目以降は枝打ちなど、他の林産地と同様の作業がおこなわれる。スギは生枝の枝打ちをしないことが多いが、特殊な生産方法の北山や集密林業の吉野、積雪の多い秋田などではおこなわれており、なかでも北山の枝打ちは伐木前年におこなわれる「枝締め」で、頂部以外の枝を全て落としてしまう特徴的な方法である。これにより成長を抑え、表面の年輪を薄くし、緻密に仕上げるのである。

さらに現在は絞り丸太の人工生産の方法も開発されている。表面にヒダを付けるため、荒皮を剝いで、表面にあて木を針金で巻き付けた状態で強制的に成長させるのである。通常は一年程度、具合をみつつ針金の強度を調整し、絞りが付いたところで伐採する。

植林から伐木まで三〇~三五年程度が最適な期間とされるが、伐木して終了というわけではない。伐木の次には木材の水分量が大きく変化する乾燥の工程がある。ここでは割れの防止が肝要であるが、木の表面だけではなく、北山では枝締めにより残した木の先端の枝葉からも水分が蒸発するため、幹部分の干割れのリスクが低減できる。その後、一カ月ほど林内に放置し、丸太の水分を蒸発させるが、ここでも日光による日焼けを防ぐため日当たりの良い場所では紙を巻くなどの対策が施される。高級材の場合には、伐木後、すぐに林内で皮むきがおこなわれ、さらに立てかけた状態で七日から九日間、乾燥させる「本じこみ」という方法がとられ、細心の注意が払われる。

そして柱一本分の長さ(約一〇尺)に伐られて搬出され、本じこみをしていない場合は加工場で荒皮が剝され(荒皮むき)、その後、渋皮をとる小むきの工程に移る。小むきでは材の表面に傷をつけないように、鎌の刃を丸くする工夫をした道具を用いる。同時に乾燥による干割れを防ぐため、あらかじめ芯まで丸ノコで背割りを入れ、そこにヒノキの別木の楔を打ち込む「矢入れ」をおこなう(図4-5)。この矢入れではあえて片側面のみに接着剤をつけることで、木痩せによる伸縮をここで吸収し、表面の割れを予防するのである。さらに適度に日光の当たる場所で一週間程度表面を乾燥させ、白い木肌

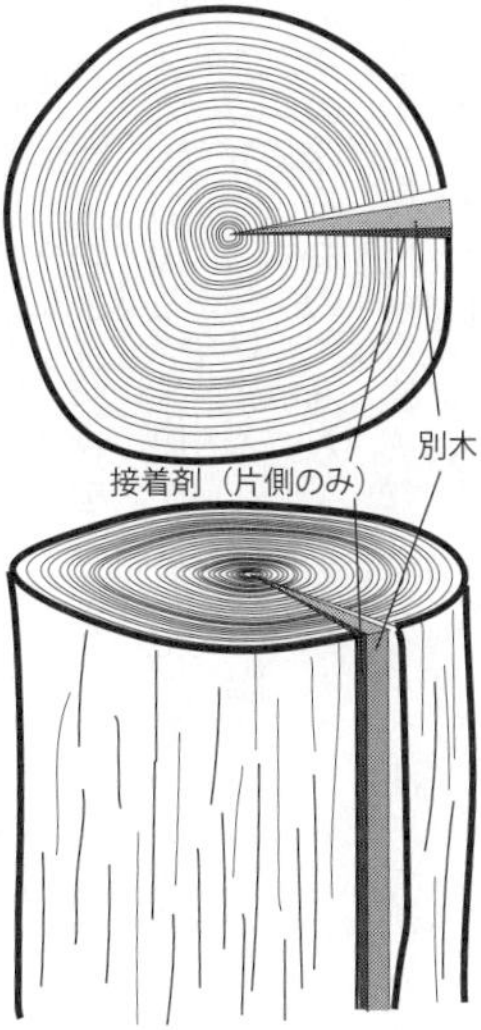

図 4-5　北山杉の背割り

を出した後、一カ月程度、風通しの良い日陰でさらに乾燥させる。この乾燥後には仕上げの加工として「磨き洗い」をおこなうのであるが、表面に角の取れた細かい砂を擦り付けることで、磨き丸太の美しい木肌を作り上げるのである。

このように一見すると自然の賜物のようにみえる磨き丸太も絞り丸太も、実は丹精込めた人の手の産物なのである。

北山杉は現在も好まれているが、江戸時代後半にはすでに各地に広まっていた。その一例として旧野崎家住宅(岡山県倉敷市)が知られる。野崎家は一九世紀に製塩業と新田開発で財を成した瀬戸内の豪商で、天保から嘉永年間にかけて、自邸の諸建築や庭園を整備していった。野崎家の敷地には表書院や中座敷を中心に庭園が広がり、正面には御成門や長屋門が開いている。庭園内には三棟の草庵茶室が残り、表書院とともに数寄の様相をみせ、庭園にもスギ・クロマツ・マキ・カエデ・ヤマモモ・モミなど、多様な樹種の木が植えられ、四季を彩っている。

この野崎家住宅のなかでも、とくに材木で興味深いのは表書院である。この表書院は嘉永四年(一八五一)から一年半かけて建てられたもので、上の間、下の間、茶室などで構成され、その四方に庇を廻らせている。主要な軸部は栂普請とし、なかでも長押には目の細かい柾目材を用いている。そして庭園側の庇の軒桁は長さ一〇間(約一八m)もの長大なマツでひときわ目を引く。これらの巨材や銘木に加えて、庇の垂木が面皮付きの北山杉の小径木で、太いマツと対照的で数寄の風合いをみせている。ここに近代和風建築にも引き継がれる木の文化が詰まっているのである。

四　信仰を受け継ぐために——御杣山と神宮備林

伊勢神宮のための森

伊勢神宮についてはこれまでの章でも触れてきたが、天照大御神《あまてらすおおみかみ》を祀る内宮《ないくう》(皇大神宮)と豊受大御神《とようけのおおみかみ》を祀る外宮《げくう》(豊受神宮)をはじめ、別宮や摂社などの宮社からなる。神社には定期的に社殿を更新する式年造替という制度があり、伊勢神宮では内宮・外宮ともに、それぞれ東西同じ大きさの敷地があり、二〇年ごとに隣に新しい社殿を造り替え、とくに式年遷宮《しきねんせんぐう》という。

この式年遷宮は持統天皇四年(六九〇)以来、中世の中断をはさみつつ、平成二五年(二〇一三)の第六二回の遷宮まで続いている。そのため古式な建築形式を継承してきたとされ、それ自体が日本建築の特質のひとつであるが、ここでは社殿に用いられる木と森の話をしよう。

伊勢神宮正殿《しょうでん》の建築の特徴を簡潔に述べると、屋根の両端の千木《ちぎ》や大棟上の鰹木《かつおぎ》などを除き、装飾のほとんどない簡素な構成で、素木のヒノキを用いた掘立柱や植物性材料を用いた茅葺屋根による構成は直線的で、清浄で緊張感のある建物である。また高床が張られ、床下には神聖性を帯びた心御柱《しんのみはしら》が奉納されている。

式年遷宮による古社殿の部材は廃棄されるのではなく、他の場所で再利用される。たとえば内宮・外宮の正殿の棟持柱は削り直され、内宮の宮川にかかる宇治橋内外の鳥居に転用される。そして次の式年遷宮までの二〇年間、ここに建てられた後には、さらに「関の追分」(三重県亀山市)と「七里の渡」(三重県桑名市)の鳥居に移される。この他の材も伊勢神宮の摂社末社の修繕や造替、他の神社への譲渡などにより、再利用される。解体可能な木造建築ならではの材料特性で、もちろん精神的継承という意味が大きいが、伊勢神宮のサステイナブルな部材のサイクルといえるのである。

この木材のサイクルは転用に限ったものではない。式年遷宮の用材のヒノキは非常に太く、長い材で、それが二〇年ごとに一万本以上、必要となる。とくに内宮正殿の御扉木は一枚板からの造り出しで、非常に太い木からしか得ることができない。それゆえ木を伐り出す森を含めた資源供給システムが重要である。

この式年遷宮の大量の用材を供給する山を御杣山《みそまやま》といい、当初、内宮では背後の神路山《かみじやま》・島路山《しまじやま》、外宮でも背後の高倉山《たかくらやま》・高神山《こうじんやま》と、伊勢神宮近隣の山が御杣山に充てられた。これらの山々からの供給が続いたが、平安時代に入ると良材が枯渇するようになった。少々長くなるが木村政生の成果を引きつつ、御杣山の歴史について紹介し、伊勢神宮と森の関係および森林環境の変化をみていきたい(木村政生『神宮御杣山の変遷に関する研究』)。

内宮の御杣山をみると、第一八回の寛仁三年(一〇一九)の内宮遷宮では用材の一部を志摩国答志《とうし》郡の杣に求めており、部分的にせよ、御杣山を他所に移している。ただし志摩国の材は宝殿や外院の建物用で、この時も正殿の材は領内の杣から得ており、ここに当初以来の御杣山への深い信仰がうかがえる。この次の長暦二年(一〇三八)の遷宮では鈴鹿山の木を用材としようとしたが、実現しなかった。その理由は不明であるが、不浄などにより得られなかった可能性もある。この時、神路山・島路山の良材が尽きていたかどうかは明らかではないが、鎌倉時代に入ると御杣山の資源の枯渇は史料にも明記されている。弘安八年(一二八五)の遷宮の際には神路山の良材を取り尽くしたことで用材確保が困難になり、美濃国の杣から用材を得ようと企図した(『中院一品記《なかのいんいっぽんき》』暦応二年〈一三三九〉九月二十七日条)。この時は勅許が得られず、御杣山は移らなかったが、その次の嘉元二年(一三〇四)の内宮仮殿遷宮では宮川上流の江馬山《えまやま》を御杣山と定めており、これが内宮の御杣山が移った最初とみられている。

いっぽう外宮の高倉山を中心とする御杣山は内宮の御杣山に比べて狭く、早期から御杣山は宮川上流に移っていった。康平二年(一〇五九)の第二〇回の外宮式年遷宮では、宝殿の棟持柱などが宮川を用いて運搬されており、以降も宮川を用いた運送の記録がある。

このように外宮の御杣山については、すでに平安時代から別の場所への移転がみられ、伊勢神宮の背後の山々からの採材が困難になっていったとみられる。これは伊勢以外の畿内の山々で起こっていた森林資源の減少と同様の傾向である。ただし心御柱の用材は高倉山で伐り出されており、伊勢神宮の用材が近隣の御杣山から供給されることには依然として大きな意味があったことも知られる。ここにも材料供給源という物質的な意味を超えた御杣山への強い信仰が看取できる。

御杣山の移転

江馬山に移された御杣山であったが、興国四年(一三四三)の第三五回内宮遷宮ではさらに三河国の設楽山《したらさん》へ移されている。これは資源の枯渇ではなく、南北朝期の戦乱によるもので、江馬山からの運搬に障害があったことによる。同六年の第三五回外宮遷宮では御杣山が美濃国の杣に移され、正平一九年(一三六四)の内宮遷宮でもこの地に移されている。この美濃国の杣を御杣山とする遷宮は室町時代最後の正遷宮である寛正三年(一四六二)の第四〇回内宮遷宮まで続いた。その後の遷宮は国内の混乱により、永禄六年(一五六三)の第四〇回外宮遷宮まで遅れた。

この第三五〜四〇回の間の遷宮で、美濃国の杣以外の材を用いた例外は永享三年(一四三一)

の第三九回内宮遷宮であるが、この時の遷宮は通例とは異なり、内宮正殿と荒祭宮《あらまつりのみや》正殿のみの造替であった。そのため用材の量も少なく、常勝寺《じょうしょうじ》山などの近隣の寺社領から木材が集められたとみられている。伊勢神宮では瓦葺が寺院を示す忌み言葉とされたように寺院を避けていたから、寺領の杣からの用材は特異な事例であろう。

中世における用材確保の困難さは明応六年（一四九七）の内宮臨時仮殿遷宮にも確認でき、この時には昇殿に支障が出るほどに破損が進んでいた。その対処の用材として宮域内の「御山杉」を用いたことが知られる。ヒノキを重んじる伊勢神宮にあって、臨時とはいえスギが用いられたことは例外中の例外であり、このほかでもスギの使用は天文一一年（一五四二）の内宮仮殿遷宮における上葺板のみである。ここにも伊勢神宮の周辺で遷宮の用材に適したヒノキの確保が難しかった状況が認められる。

このように御杣山の移転の様子が判明しているものの、伊勢神宮周辺の山々の資源が完全に枯渇していたと断定することはできない。とはいえ、遠隔地における木材の確保やスギの使用からも、平安時代以前とは伊勢周辺の森林環境が異なり、十分なヒノキの用材供給が困難になっていたことは確かであろう。第三章で述べた中世の森林荒廃の状況とも重なる傾向である。さらにいえば、資源を育成するのではなく、伐採場所を変えて一方的に消費のみを続けるという方針は古代における森林の利用状況とも通じる。

遷宮の中断と御杣山の木曽への移転

戦国期の混乱を経た天正一三年(一五八五)の第四一回は内宮・外宮両宮の遷宮が同年におこなわれた初例である。この遷宮は織田信長の遺志を受け継いだ豊臣秀吉の助力をえたもので、御杣山は宮川上流の江馬山・大杉山とされた。この時の遷宮は長期の中断後であったため、混乱も少なくなかった。採材に関しても杣入りにあたって、伊勢の工匠家である頭工《とうく》に細かく採材寸法を伝えている。さらにここで指示する採材寸法は、実際に杣で伐り出す部材の寸法ではなく、仕上《しあがり》寸法であることを注意するようにという指示がなされており、長期の遷宮中断によって、本来、暗黙の了解であったことまで細々と指示せねばならなかったとみられる。

さてこの大杉山は元禄二年(一六八九)の第四六回の遷宮までは御杣山であったが、この地の良材もしだいに枯渇していった。その兆候は寛文九年(一六六九)の遷宮の際にもすでにみえ、大杉山に適材がない場合に他の山から伐り出すことを願い出ている。同時に次の元禄の遷宮でも通例よりも早くから杣入りして、伐り出しの期間を長く確保したいと願い出ており、良材の確保・運搬が困難であったとみられる。現にこの時の遷宮では正殿の一尺六寸幅の壁板の木取りができなかったことに加え、大杉山の山内調査でも巨材を確保できず、棟持柱用の材も寸法が不足していた。この経験を踏まえ、以降の遷宮では大木の調査をしてから伐り出しをおこなうように注意を促し、次善策を提案したのである。

こうした大杉山の資源枯渇もあり、宝永六年(一七〇九)の第四七回の遷宮から木曽に御杣山が移された。その地は本章ですでに述べたように、尾張藩の留山であったため、藩の助力を得つつ、入念な事前準備がなされた。とくにそれまで運搬していた宮川流域とは異なる遠方からの伐り出し・運搬となるため、山中の立木調査は当然として、木曽の山中から木曽川、さらには桑名を経て伊勢の大湊までの航路と難所の状況を確認している。この遷宮以降は寛政元年(一七八九)の第五一回遷宮で大杉山に一度戻った例外を除き、現在まで木曽が御杣山として続いている。この木曽に御杣山が移った頃から、他の山々と同様に伊勢神宮域の山林でも環境保全の動きがみえる。元禄八年(一六九五)には宮域からの伐採が禁止され、そして享保六年(一七二一)にはヒノキを植えている。

このように、伊勢神宮の御杣山の変遷は、前近代の森林環境の変化、巨材確保や運搬に対する努力、資源保全と育林という、森林資源の生産と消費のサイクルの状況をよく示しているのである。

御杣山と建築祭儀

式年遷宮では山での伐り出しから現地までの運搬、さらには立柱・上棟などの建設の節目で

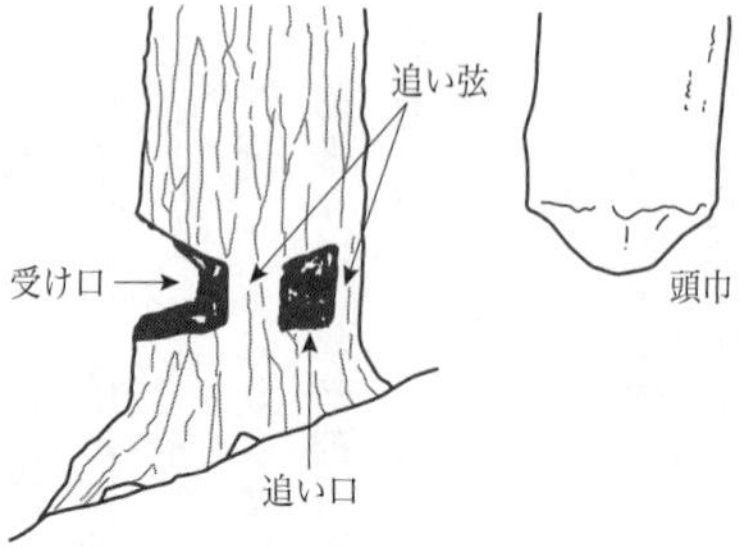

図4-6　三つ緒伐りと尖頭形の頭巾

多くの祭儀がある。現在の伊勢神宮の用材は木曽から伐り出しているが、祭儀のなかにはかつての御杣山が伊勢周辺にあった歴史が色濃く表れている。

式年遷宮の用材を伐り出す最初の祭儀が山口祭《やまぐちさい》である。御杣山の山の口に坐《おわ》す神に伐採と搬出の安全を祈るもので、神路山・高倉山の麓でおこなわれる。次に心御柱の御用材を伐採するにあたって木本祭《このもとさい》が催される。この木本祭は木の本に坐す神を祀る秘祭で、その催行は深夜である。御杣山が木曽に定められていても、心御柱の伐り出しは伊勢の森林で継続されたことや、山口祭・木本祭の地が神路山・高倉山であるところにも御杣山の歴史が詰まっている。

これら以外の祭儀にも古例をみることができる。実際の御杣山での伐採の際には御杣始祭《みそまはじめさい》がおこなわれ、ここでは御神体をお納めする「御樋代《みひしろ》」の御料材のヒノキを最初に伐採する。この御樋代の木には山中で左右に並ぶ二本のヒノキを選ぶのであるが、その伐木では「三ツ緒伐り」という古式の作法をとる（図4-6）。この三ツ緒伐りは巨木を割れることなく伐り倒すための方法で、木の三方からヨキ（オノ）で中心まで刃を入れるが、三つの残存部（ツル）を残しておき、最後に倒す方向と逆方向のツルにオノを入れ、伐り倒す。この伐木方法は巨木に割れを入れることなく倒すために受け継がれた知恵でもある。

その後、御樋代の材を内宮・外宮の五丈殿に引き入れる御樋代木《みひしろぎ》奉曳式《ほうえいしき》がおこなわれる。さらに御樋代を納める船形の「御船代《みふなしろ》」の用材を伐採する御船代祭が内宮・外宮の両宮内に設けられた宮山祭場で催される。用材の運搬に関しては、御木曳初式《おきひきぞめしき》があり、ここでは正殿や別宮の棟持柱に充てられる役木が曳かれ、この時には木遣歌《きやりうた》が歌われる。その後、用材にチョウナを入れる木造始祭《こづくりはじめさい》が執りおこなわれ、製材から建設へと工程が移っていく。このように建設以前にも伐木のための入山の段階から多くの祭儀があり、木を育む森林を含めた式年遷宮の精神がそこに込められているのである。

森林の育成による共生——持続可能な式年遷宮への取り組み

明治に入ると、木曽の山々も尾張藩から明治政府の官有林に組み込まれた。さらに明治二二年(一八八九)には皇室財産として御料林に編入され、大正四年(一九一五)には伊勢神宮の式年遷宮のため、造営材備林制度が定められた。これにより、一〇〇年間伐採しない永久備林と今後一〇〇年の造営材とするための臨時備林の二つによる神宮備林が設けられた。この神宮備林の概念は消費だけではなく、消費・育成の両面からの森林へのアプローチという新しい変化である。もちろん伊勢周辺でも、御杣山が木曽に移ってから山林の伐採禁止による保全や一部の植林もなされていたが、木曽の神宮備林は長期スパンでの計画で、式年遷宮が真の持続可能なサイクルへと変わった画期である。現在、木造の文化財建造物の維持・継承のために森を育成するという観点は着目されており(終章参照)、この一〇〇年前の慧眼には感服するばかりであるが、戦後、御料林は国有林となったことで、政教分離の観点から神宮備林の制度は失われてしまった。

伊勢周辺の山々も近代に入って官有林に組み込まれ、その後、御料林となったが、こちらは大正一一年(一九二二)に伊勢神宮域に返された。これにより遷宮の用材を伊勢周辺で確保すべく、大正一二年には「神宮森林経営計画」を策定し、ヒノキの巨材の育成を始めている。こちらも戦後、一時、国有化されたが、現在までその計画は継続している。平成二五年(二〇一三)の式年遷宮では、伊勢周辺の神宮の森から間伐材を採って約二割強の木材を供給することができたが、多くの木材は二〇〇年生、巨材では数百年生のヒノキを必要とするため、長期的な計画が欠かせず、現在進行中のプロジェクトである。

このように伊勢神宮の式年遷宮を森林と木の観点からひも解くと、ある意味、日本列島の森林資源の歴史を映す鏡でもあったといえる。また周辺の山々から遷宮の用材を確保することは信仰の面から重要であるだけではなく、地産地消の理念に通じるものである。さらに近代以降おこなわれている育林は持続可能な森の形成と木の文化の継承の両面においても貴重な取り組みであろう。森林資源のなかでも大径長大材を育む豊かな森林は一朝一夕に形成されるものではなく、世代を超えた長期にわたる環境保全が求められ、式年遷宮に限らず、現存する歴史的建造物の修理でも大径長大材は必要不可欠である(終章参照)。そのため森の育成と木材の使用のサイクルは木の文化の要となるが、ようやく大正期に、森と木々と人間が共生のスタートラインに立ったのである。

五　巨材の探求と技術革新

公慶の東大寺大仏殿再建と集成材

本章のしめくくりとして、近世の森林状況をよく示す東大寺大仏殿再建に目を向けてみたい。永禄一〇年(一五六七)に松永久秀《まつながひさひで》らの戦乱で失われた東大寺大仏殿は江戸時代に入っても再建されることはなく、仮設の屋根が掛けられるのみで、長い時間、露仏《ろぶつ》であった。社会状況だけではなく、森林環境も厳しく、荒廃した近世の山林に奈良時代のような大木を期待するのは困難であった。とくに規模の大きな東大寺大仏殿には膨大な量かつ巨大な木材が必要であったから、その再建は望むべくもなかった。ようやく貞享元年(一六八四)に東大寺の僧公慶《こうけい》が勧進をはじめ、元禄五年(一六九二)に大仏の開眼供養を迎えることができたが、大仏殿の再建はその巨大さゆえにさらに遅れ、直面する課題も山積みであった。構造的な課題や材料の確保などから、奈良時代・鎌倉時代の大仏殿の規模から梁間(奥行)はそのままで、桁行(幅)を両脇二間ずつ縮小せざるを得ず、現在の大仏殿は奈良時代・鎌倉時代の大仏殿と比べ、約七割の大きさとなっている。

そもそも奈良時代の大仏殿の柱は建物規模に対して細く、補強の柱を加えねばならないほど構造的には課題があったので、鎌倉時代の再建時には八本の柱を追加し、さらに柱径も三・八尺(約一一二㎝)から五・二尺(一五三㎝)に太くしている。現在の大仏殿では鎌倉時代の大仏殿の柱の太さをほぼ踏襲した約一五六㎝(最大径)であるが、近世の森林でこれほどの太い材を大量に供給することは容易ではなかった。

この材料確保の問題は技術の進歩によって解決された。実は現在の大仏殿の柱は太い一本の木ではなく、柱の中央に芯となる細い柱を立て、その外側に台形の断面の材を張り合わせることで柱としている。つまり小さい木材を合わせた集成材なのである。そのため柱の周囲をみると、縦に筋が入っており、帯金物で留めていることがわかる。その工夫と発想力には驚かされるが、裏を返せば、巨材の得られる山林の減少をよく示しているのである。

虹梁の巨材探しと運搬

柱のように垂直方向の柱は集成材でも可能であるが、水平方向の梁は柱と同じ方法では強度を保つことが難しく、一本物の材が必要である。とくに大仏殿の身舎の中央三本の大梁には七八尺(約二三m)もの長さが必要であったため、巨木を探し出さねばならなかった。鎌倉時代の再建でも大材の入手は困難を極めたが、それ以上に江戸時代の大梁探しは難渋し、ようやく元禄一五年(一七〇二)になって日向国の白鳥《しらとり》神社(宮崎県えびの市)境内で二本のマツの巨木を発見した。

幸いにして曲がりもなく、さらに虫食いや腐朽のないことが確認され、伐り倒しでも折損のないよう、細心の注意が払われた。そこから四カ月弱の時間をかけて海岸まで運ばれたが、海上輸送にも困難をともなった。これほどの巨木であるから、筏を組んで引くだけでは不十分で、より浮力の得られる船に載せる必要があったが、その方法がなかったのである。そこで船底の栓を抜いて一度、船を沈め、満潮時に木材を船の上に運び、改めて干潮時に船底に栓をして船内の水を抜くことで大材の積載に成功した。兵庫津で巨材を下ろす際にも同様の方法がとられた。兵庫津からは船で曳行され、大坂を経て淀川から木津川を遡って泉木津に到着した。この瀬戸内海から淀川・木津川を通るルートは古代以来のもので、これが江戸時代の大仏殿再建でも利用されたのである。

泉木津からは陸路で、市坂・奈良坂を経て東大寺へ至るのであるが、途中、佐保川を渡らなくてはならない。ここも既存の石橋では荷重に耐えられないため、巨材が渡れるように補強し、さらに橋の上に土砂を厚く敷いた(「奈良《なら》坊目拙解《ぼうもくせっかい》」)。またこの陸路の運搬には多くの人が参加した様子が「大仏殿虹梁木曳図」に描かれている。伊勢神宮や諏訪大社の御木曳と同じように、大仏殿の巨材を曳くことで結縁に与《あずか》ろうとしたのである。ようやく大虹梁が東大寺に到着した時には伐り倒しから約一年もの月日が経っていた。大虹梁の到着後、大仏殿の落慶法要は宝永六年(一七〇九)まで遅れ、公慶はすでにこの世を去っていた。

終章　未来へのたすき――近代から現代

一　今もつづく運搬の苦労

東本願寺の大材

世界最大級の東大寺大仏殿を平面規模では超越する近代の巨大木造建築がある。京都の真宗本廟(東本願寺。以下、東本願寺とする)御影堂《ごえいどう》である。巨材使用には山における木の確保が重要であることはもちろんであるが、これまで述べてきたように運搬にも大きな苦労をともなう。この東本願寺の造営でも巨材の確保と運搬のハードルは高かった。近代以降、鉄道や自動車の普及により、運搬は便利になったとはいえ、東大寺大仏殿の造営に尽力した重源や公慶と同じく、巨材運搬は依然として大きな課題だったのである。

図5-1　東本願寺の造営に用いられた毛綱

現在の御影堂は桁行約七六m、梁間約五八mの二重仏堂で、元治元年(一八六四)の禁門の変に端を発した大火で前身の建物が焼失したのち、伊藤平左衛門《いとうへいざえもん》(九代)を棟梁として明治一三年(一八八〇)に起工、同二八年に完成した。そこに用いられる巨材は各地の山から大ソリで運ばれたことが知られ、事故も少なくなかった。引綱も通常のものでは強度が足りずに切れてしまうため、毛綱《けづな》が用いられたことが有名である。毛綱とは女性の髪と麻を編み込んだもので、とくに浄土真宗の祖、親鸞と関係の深い新潟からの毛綱は一五本と数が多い。そのうちの一本は現在も東本願寺に展示されており、長さ約六九m、太さ約三〇cm、重さ約三七五kgという巨大な綱である(図5-1)。

造営用材の確保のために各地の拠点として木揚場《きあげば》が設けられ、新潟にも明治一四年には木揚場が開かれた。明治二三年には閉鎖されたが、その後、真宗大谷派新潟教会として引き継がれ、現在は木揚場教会と名を改めている。新潟からの材木供給の様子を、ここに残る「新潟港木揚場／献木之証印／大谷派本願寺」という焼き鏝や本山から下付された一本の毛綱が力強く語っている。

東本願寺の巨材のなかでも最大級の大虹梁は特筆すべきもので、これはまさに新潟から供給されたものである。この大虹梁は御影堂内の外陣中央に架かっており、長さ約一四・五m、成《せい》(材の高さ)一m以上のケヤキである。新潟県阿賀野川に沈んでいた巨木を信徒が川底から引き上げ、腐食箇所を取り除いて用いているという。東本願寺御影堂は巨材や建築技術といった即物的側面だけではなく、運搬の困難を克服した人びとの信仰という観念的側面によっても支えられているのである。

この東本願寺の用材を通して、明治期の建築に適した木の選定方法を知ることができる。「滋賀郡浅井郡御影堂御用木材検分記帳」(滑川市立博物館蔵『岩城家文書』)には、立木の状態での用材の検討が記されており、近江国の山林から木を得ようとしたことが知られる。これを記した岩城庄之丈《いわきしょうのじょう》は、伊藤平左衛門のもとで御影堂肝煎役・元図調整・木材調査・小屋組係などとして重責を担っている。その彼による材木検分は近世工匠のそれに通じるものであるが、近代に入ってからも、工匠による入念な材料選びが継続している様子をよく表している。というのも、近世において一般的であった納入材の検分から踏み込んで、立木の段階での選定から関与しており、まさに市場における材木購入ではなく、木そのものを買うという意図が強く示されているのである。

この東本願寺の巨材確保や運搬の歴史は明治の再建時だけではない。東本願寺が現在の地に伽藍を構えたのは慶長七年(一六〇二)で、この時には徳川家康により寺地の寄進があった。同八年には阿弥陀堂、同九年には御影堂が完成したが、これらも規模の拡大のため、承応元年(一六五二)には御影堂、寛文七年(一六六七)には阿弥陀堂の再建に取り掛かっている。この寛文時の拡大では富士山麓の幕府御用林から伐り出され、御影堂もほぼ現在の規模となったとみられる。

さらに東本願寺は天明八年(一七八八)・文政六年(一八二三)・安政五年(一八五八)と度重なる火災により、御影堂と阿弥陀堂ともに焼失・再建を繰り返した。初めての被災である天明の火災後、御影堂は寛政九年(一七九七)、阿弥陀堂はその翌年に落成しているが、その用材確保の様子は本願寺文書「材木拝領等一件」などに詳しい。この再建では、東本願寺は徳川家康や徳川家との縁を強調して、材木の寄進を願い出ており、江戸幕府は飛驒の北方山の御用林からケヤキ・カツラ・クリなどの木材を伐り出した。ただしその運搬にかかる費用は東本願寺の負担とされたため、多くの信徒らの動員や運搬時に敷く木の供出などを得ての事業であった。飛驒の北方の木材は日本海側に搬出するため、まずは五箇山から庄川を下って筏で伏木《ふしき》港(高岡市)まで運ばれた。伏木は西廻り航路の寄港地として栄えた地で、ここから下関を経て瀬戸内海から大坂、そして京都の東本願寺まで運ばれた。この西廻り航路は先述の河村瑞賢によって開拓されたもので(第四章参照)、浄土真宗の勢力の強い北陸地方の協力を得つつ、多くの材がこの航路で運ばれてきたのである。こうした五箇山からの材木運搬の様子は、親鸞聖人にゆかりの遺跡を解説した『二十四輩《にじゅうよはいじゅんぱいずえ》順拝図会』(享和三年〈一八〇三〉)から看取できる。

幕府御用林から供給材があったとはいえ、ヒノキの適材はなく、これは他所に求めざるを得なかった。そこで三河の信徒らによって、信州遠山郷《とおやま》(長野県飯田市)からヒノキが伐り出され、天竜川を下ったのである。この時には山中で大蛇と遭遇し、斧や大鋸で退治したとされ、これらの材木探しの苦労話や怪奇談を齢松寺《れいしょうじ》(静岡県浜松市)の僧らが『遠山奇談』にまとめている。巨材探求の話は信徒以外の興味も惹き、『遠山奇談』は寛政一〇年には京都で出版されており、庶民の間にも広まっていった。

各地の信徒が木材集めに協力したのであるが、もちろん巨木の林立する地域ばかりではない。そこで巨材のない摂津北部ではカシの神木を伐ることになったが、神に対する畏れもあり、神木の購入費は社殿の造営に充てられ、神木伐木の神罰を避けようとしたという。また貧しく、金銭的な寄進ができない女人は、黒髪を再建の志として差し出した。髪も綱とすれば再建の一役を担うということで、これが先ほどの毛綱の始まりとみられている。まさに木の伐木から運搬まで、信徒らの篤い信仰心が練り込まれているのである。

東本願寺の信仰の力は毛綱にとどまらない。柱・虹梁などの主要な巨材集めを全国の信徒にゆだねて購入材を減らすことで、費用を抑えたのである。全国的な調達により、巨材確保の時間が短縮され、ひいては造営期間全体の短縮につながった。この方法は東本願寺が編み出したものではなく、同じく大規模な造営であった知恩院（京都市）が信徒の力を合わせた巨材集めにより、一〇年ほどという短期間で完成した例を参考にした。巨材の確保では、その在処の把握とそこからの運搬が大きな課題であったため、近世においては各地の信徒の協力を得ることで、情報収集・労働の両面の課題を克服したのである。

姫路城大天守の大柱

日本の国宝・重要文化財のなかでも最長級の部材が姫路城大天守（兵庫県姫路市）に用いられている。中央に立つ東大柱・西大柱である。この二本の大柱が大天守を支えているのであるが、この東西二本の大柱の長さは約二四mもあり、断面も径約一mと巨大である（図5-2）。西大柱は二本の材を継いでいるが、とくに東大柱は一丁材という破格の大きさであった。

しかし昭和の大修理（一九五六〜一九六四年）の際、大柱の腐朽が大きく、取替・補修が必要という判断が下された。東大柱は柱の足元のみの根継《ねつぎ》で取り替えればよく、タイワンヒノキ（後述）で補えたが、西大柱は柱自体の取替が必要で、さらに構造強化を狙って、二丁継から一丁材への変更が計画されたため、その入手は困難を極めた。全国に探し求めた結果、木曽の国有林の山中で良木を発見し、これを森林鉄道で搬出することになった。ただし二四mもの長尺の原木は通常の運搬の想定外で、カーブを曲がり切れずに落下して折損してしまった。規格外の木材の運搬の難しさがわかるとともに、木々の文化とは、伐木や加工・建設だけではなく、森と建設現場の両者をつなぐ運搬まで含めた総合的な概念であることをよく示している。

折損したため一丁材とすることはできなくなったが、折れた位置がもとの西大柱で二丁の材が接合していた継手位置より少し上部であったため、この折損した木曽の材を西大柱の下部に用いることとし、上部の材には改めて巨木を探し求めた。幸いにも笠形《かさがた》神社（兵庫県市川町）境内のヒノキの巨木を発見し、これを修理用の取替材として確保したのである。この西大柱の運搬の際には多くの姫路市民の手で祝い引きがなされ、姫路城の城内に運び込まれた。

図 5-2　姫路城大天守の解体された西大柱

木曽の巨材の折損は、意外にも構法上の問題点を解決した。修理前の大天守の軸組では、すでに述べたように東大柱は一丁材、西大柱は二本の材を継いでおり、地階から三階の床面までの軸部を先に完了させ、その上に新たに三階以上を組み立てる構法となっていて、東西の大柱の間には繋梁《つなぎばり》がホゾ差しで組み込まれていた。これに対して木曽材の折損前の修理計画では、東西の大柱二本とも一丁材の通柱とすることを予定していた。しかし、この方法では東西大柱を柱の途中でつなぐ繋梁を組み立て開始時にすべておこなわなくてはならず、構法上の困難をともなう。これが修理前と同じく西大柱を上下二材で継ぐ方法となったことで、柱の組み上げにあわせてそれぞれ繋梁を架けていく手順が可能になった。怪我の功名ともいうべき事例であるが、片方が一丁材、もう片方が二丁継という江戸時代の構法にも大きな意味が隠されていたことが明らかになったのである。

文化財の修理の取替材は、同規模・同樹種であることを基本とするが、現代人が良かれと考えた変更方法が必ずしも最適解でない可能性があることをこの事例はよく示している。翻って物質的に豊かになった現代社会でも、根継にタイワンヒノキを用いざるを得なかったことに表れるように、姫路城の建立当時よりも日本の森林資源は果たして豊かといえるのだろうか。二本の大柱は、こうした疑問を我々に投げかけているのである。

長材の運搬への配慮

実は戦前にも慎重を期して巨材を運搬した例がある。近代和風の建物では数寄を凝らした銘木が好まれたが、そのひとつに木の力強さの証しである長大な軒桁《のきげた》がある。この軒桁には単に長い材を用いるのではなく、貴重なスギの磨き丸太を用いることも多く、運搬にはとくに注意が払われた。その一例をみてみよう。

比叡山延暦寺の山上伽藍には、大書院という大規模な近代和風の建物が現存している。近世の延暦寺は徳川による外護や天海《てんかい》の尽力により寺勢を保っていたが、明治維新の激流のなかで、近代初頭は苦しい経営を迫られた。そのため、昭和三年(一九二八)に京都御所において昭和天皇の即位式・御大典が開催されるにともない、延暦寺にも多くの来賓が予想されたが、寺内にふさわしい建物がなかった。そこで昭和二年に内閣の勧めにより、東京の村井吉兵衛《むらいきちべえ》の邸宅を延暦寺の迎賓施設として移築することとなったのである。

村井吉兵衛は明治期に煙草王と呼ばれ、普請道楽であったようで、明治四二年(一九〇九)には京都別邸として西洋風の長楽館《ちょうらくかん》を八坂神社の東に建てている。当時、東山・岡崎周辺は山県有朋の無鄰菴《むりんあん》など、有力者の交流の場であり、長楽館にも伊藤博文・井上馨・大隈重信・ロックフェラーらの要人が訪れており、その迎賓の場にふさわしい建築として、贅を尽くしたのである。大正八年(一九一九)に建てられた東京の邸宅も長楽館と同様に名建築で、赤坂山王台(現在の日比谷高校の敷地)にあったことから山王荘として知られていた。ただしこちらは長楽館と対照的に近代和風建築である。村井吉兵衛は大正一五年に没したが、その後の昭和の金融恐慌のなかで、昭和二年には長楽館の売却や村井銀行の閉鎖という苦しい状況もあり、山王荘も移築されることになった。山王荘の設計は武田五一《たけだごいち》で、床の間はもちろん、欄間のデザインまで

図 5-3　延暦寺大書院の軒桁

こだわった名作で、部材も木曽檜や北山杉・屋久杉などの良材がふんだんに用いられており、とくに八間無節のスギの磨き丸太の軒桁は見事である（図5-3）。

近代には実業家原三渓《はらさんけい》が各地の古建築を購入して、横浜に三渓園として日本庭園を整えており、関西から臨春閣（旧所在地、岩出市）や旧燈明寺三重塔（旧所在地、木津川市）などが移築されている。このように、移築自体は珍しいものではなかったのであるが、この山王荘の長尺の軒桁の運搬は格別の配慮を必要とした。

山王荘の運搬は鉄道輸送で、人力や牛馬による運搬に比べて動力面では容易になったことは事実である。いっぽうで、鉄道輸送というそれまでの経験を超えた力に対応するための木材の固定、カーブによる落下防止など、従来とは異なる注意が求められたのである。

この運搬では鉄道省の協力で臨時列車が運行され、駅から山上までは人力で運び上げられた。その過程で最大の課題が長尺材の移送であることは認識されており、事前に短い材をつないで八間の軒桁と同じ長さの材を作り、これを運ぶことでリハーサルをおこない、軒桁の折損リスクを回避したという。この長尺材の輸送には、近代化が進んでも依然として運搬の困難な様子や、内閣や鉄道省を巻き込んだ即位式・御大典関連の事業に対する意気込みが感じ取れる。

平成の興福寺中金堂の木々

二一世紀に入っても巨材の確保は課題であり、興福寺中金堂の再興も例外ではなかった。興福寺中金堂は奈良時代の創建以来、被災と再建を何度も繰り返しており、享保二年（一七一七）の被災時には以前と同規模の再興は難しく、文政二年（一八一九）に仮金堂が再建されるのみであった。この仮金堂も平成一二年（二〇〇〇）に解体され、平成三〇年に現在の中金堂が再建された。

平成一三年の発掘調査によると、中金堂は礎石の位置が奈良時代から変わっておらず、桁行五間、梁間二間の身舎の周囲に四面庇が廻り、さらにその外に裳階《もこし》が廻る柱配置である（図5-4）。興福寺では鎌倉再建の北円堂なども古式で建て直されており、伝統的な形式を堅守する造営がなされてきた。同様に中金堂もそれぞれの再建時に規模を変えず、古式を踏襲していると考えられている。

奈良時代の中金堂は史料や絵画資料から詳細を知ることが難しいが、「春日社寺曼荼羅」（一

図 5-4　興福寺中金堂の発掘調査

四世紀）に中金堂は二重で描かれており、奈良時代の中金堂も裳階付きの二重の屋根と想定できる。また享保二年の焼失以前に工匠によって描かれた「興福寺建築諸図」によると、中金堂は裳階付きの二重屋根の仏堂で、古式な建築であったことがわかる。

発掘調査でみつかった礎石の大きさや「興福寺建築諸図」から推定される身舎・庇の柱の径は約八〇㎝と巨大で、その本数は三六本にもおよぶ。加えて、身舎の柱は一〇mもの高さとみられ、この柱を原木から得ようとすると、径一・五mもの大径材が必要となる。これまで繰り返された再建においても、規模を継承しており、中世まではこれらの巨材を確保できていた。さらに興福寺についていえば、森林が荒廃しつつあった鎌倉再建にあっても、北円堂や三重塔はすべてヒノキで建てられており、これらは荘園支配をはじめとする興福寺の寺勢を映す鏡でもあった。いっぽうで、享保時に中金堂が再建できなかったことは、興福寺の経営体力の低下とともに巨材を供出する森林資源の枯渇も透けて見えるのである。

近世の東大寺大仏殿再建の大梁、戦後の姫路城大天守修理の大柱、薬師寺の復興伽藍(次節参照)。それらの用材確保の苦労と同じく、この興福寺中金堂の用材確保の道も平坦ではなかった。これだけの数の巨木を国内から得ることは難しく、外国産の材に目を向けることになったのは自然の流れであろう。梁に適した材は豊かな森林資源を誇るカナダから得ることができたが、柱ほどの大径長大材となると、容易ではなかった。そこで香港の木造の寺院建築で用いられていたアフリカケヤキが用材の候補に挙がってきた。

アフリカケヤキは圧縮や曲げに強いという特徴があると同時に、非常に重い木であるため、柱などの垂直方向の材には適しているが、梁などの横方向の材には適していない。そのため中金堂でも柱はカメルーンのアフリカケヤキ、梁は比重に対して曲げに強いカナダのイエローシダー(米ヒバ)とすることで、木の特性を生かした使い分けをしている。

さてカメルーンやカナダからは当然ながら、長距離運搬となり、とくに日本とカメルーンの距離は約一万二〇〇〇㎞にもおよぶ。近世以前にも海を越えた木材の輸出入があった(第二章参照)とはいえ、この距離は現代の物流の広範さを顕著に示すものである。いっぽうで物質的に恵まれた現代であっても、日本の木の建築文化を支えてきた森林資源は奈良時代より豊かとはいえないのではなかろうか。次世代に文化財建造物を引き継ぐためには、物としての木造建造物だけでなく、その母たる森林を育み、木と共存・継承するシステムを必要とする、新しい時代を迎えているのである。

二　木材不足から紡ぐ森林へ

タイワンヒノキの輸入

姫路城の西大柱の用材確保・運搬の苦労話は先述のとおりであるが、腐朽の少なかった東大柱については根継をすることで修理が可能であった。ただし根継に必要な材も、長さはともかくとして、太さは大柱と同じものが求められた。ここにも径約一m近い材木が必要となり、そこで用いられたのがタイワンヒノキである。

タイワンヒノキは日本のヒノキとは別種であるが、似た特徴をもち、ヒノキに比べて油分が多く、耐水性が高い。またこれに似たタイワンベニヒノキも建材として優れており、これらの巨木が台湾中部の阿里山《ありさん》に多く生えていたのである。

このタイワンヒノキの日本での利用は姫路城の修理が初めてではない。たとえば法隆寺金堂の昭和修理でも、一枚板の扉は大径材から伐り出さねばならず、やむを得ずタイワンヒノキを用いている。同様に皇居の平川橋(昭和六三年〈一九八八〉)の木材もタイワンヒノキで、さらに親柱は径約三六㎝の芯去り材である。白太(辺材)もないことから、やはり原木は一m以上の径の巨木からの伐り出しとみられる。

大正時代には伊勢で植林が始まっているように、日本列島の良質のヒノキが減少し、木材、とくに大径長大材の確保は困難であった。こうした状況にあって、日本統治下にあった台湾の良質な巨木は、貴重な森林の供給源であったため、早くから台湾総督府はこれに目を付け、その輸送のための森林鉄道を敷設している。明治三九年(一九〇六)には嘉義《かぎ》から竹崎《たけざき》までの比較的平坦な区間は完成したが、そこからの急峻な山間部の工事は難航し、加えて工事をすすめていた藤田組が運営権を放棄するに至り、事業は暗礁に乗り上げた。

ようやく明治四三年に台湾総督府阿里山作業所が設置され、急勾配の山間部も三重のループ橋やジグザグに折り返すスイッチバックなどの登山鉄道の方法を駆使して緩い勾配としつつ高度を上げることで、何とかこれを克服したのである。

これにより、阿里山と嘉義を結ぶ鉄道が開通し、タイワンヒノキの産出が始まった。伐り出された木は嘉義の杉池という巨大な貯木場に運ばれ、その周辺は檜町と呼ばれていた。これらの木材は内地だけではなく、大連など各地に運ばれており、その材木の集散地となる嘉義は大いに繁栄したのである。

このように巨木を必要とする近代日本の寺社の造営を台湾が支えたのであった。戦前のタイワンヒノキの使用範囲をみると、三島大社総門（静岡県三島市、昭和六年〈一九三一〉）・靖国神社神門（昭和九年）をはじめ、紀元二六〇〇年大祭（昭和一五年）に向けた整備では橿原神宮（橿原市）でも用いられている。台湾の山中とそこからの運搬、そして海路を伝った展開まで、東アジア域内の木材の流れがここに看取できる。その後、タイワンヒノキの原木は伐採禁止となったが、この山林鉄道は現在、阿里山林業鐵路として、路線全体が「文化景観」（日本の文化的景観に相当する）となっている。

また大正九年（一九二〇）開創の明治神宮もタイワンヒノキとの関係が深い。明治神宮の森は東京帝国大学教授の本多静六《ほんだせいろく》らによって造られた人工林で、その本殿の前に立つ木はクスノキで、西側の二本は夫婦楠と呼ばれている。明治神宮の祭神である明治天皇と昭憲皇太后を祀るということもあるが、古来より信仰の対象であったクスノキが選ばれている点は興味深い。

話をタイワンヒノキに戻すと、明治神宮では鳥居八基はすべて阿里山産のタイワンヒノキで建てられたことが知られ（『明治神宮造営誌』）、そのうち三基が近年まで残っていた。これも開創一〇〇年にあたる二〇二〇年に向けて、二〇一六年に二基が国産のヒノキで、二〇二〇年に最後の一基が吉野杉で建て替えられた。なお最も大きい二ノ鳥居（大鳥居）は昭和四一年に落雷を受けて破損し、昭和五〇年に阿里山ではないが、やはり台湾の丹大山《たんだいさん》から伐り出された材で再建された。明治神宮の大鳥居の木には初代・二代ともに台湾との深いつながりが込められているのである。ちなみに前身の二ノ鳥居は大宮氷川神社(さいたま市)の二ノ鳥居に移築されている。このように二〇世紀初頭を中心に、タイワンヒノキが近代日本の寺社建築の大径長大材供給の一翼を担ってきたのである。

薬師寺の復興

奈良時代の東塔が残る薬師寺であるが、中世以降、寺勢は衰え、かつての金堂・講堂・食堂などの諸建築が建ち並んだ伽藍は失われ、明治期にフェノロサらが薬師寺を訪れた時には東塔・東院堂(弘安八年〈一二八五〉)・旧金堂(室町時代、現在の興福寺仮講堂)などがわずかに残るのみであった。戦後、発掘調査が進み、伽藍の全容が明らかになるにつれて、その復興が計画されていった。

とくに伽藍中心部の西塔・金堂・回廊・大講堂などの諸堂塔が対象だったのであるが、再興には奈良時代の建築と同規模の巨材を大量に必要とした。柱径だけを取り上げても、礎石などをもとに推定された金堂の柱は約八〇㎝、西塔は約五〇㎝と大きい。とくに西塔の心柱はその礎石から太さ約一mと推定されており、さらに高さ約三四mの相輪まで延びる長大な部材である。第一章で述べたように奈良時代には豊かな森林資源を背景に大量のヒノキの巨木が用いられたが、そのサイズ・質・量ともに現代社会の一般的な流通規格をはるかに超えている。そのため薬師寺の復興でも、巨木の残るタイワンヒノキを頼ったのである。

法隆寺の昭和修理などを手掛けた棟梁西岡常一《にしおかつねかず》が薬師寺の再興にも尽力している。巨木の購入では中心部の空洞化の懸念があり、その材の選択は棟梁の目利きによるところが大きかったため、直接、台湾に赴いて木の選定をおこなった。現在、タイワンヒノキは資源枯渇の懸念から原木の伐採が禁じられているが、この頃には阿里山の標高の高い一八〇〇〜二〇〇〇mのところに巨木が点在しており、これに目を付けたのである。

西岡は巨木の選定にあたって、若々しく枝葉が青々と茂った木ではなく、枯死寸前にみえる木を選んだ。まるで目利き違いのようにも聞こえるが、これには理由がある。樹齢が高くなると、心材が腐って樹皮のみが残ることが多く、中心部の栄養分は不要になり、その養分は枝葉に送られる。対して、中心部に心材が残る場合は、枝葉に養分が送られず、枝葉が枯死したようにみえるのだという。この見立てのもと、空洞化していない巨材を得るため、一見、不適切と思われる枯死寸前の巨材を選んで購入した。こうした苦労を経て、タイワンヒノキの巨材は薬師寺に運ばれ、伽藍を復興することができたのである。この時の造営用材の余材が今でも薬師寺の伽藍に残っている。径約一・七m、長さ約一四mというタイワンヒノキで、ここからも巨材による昭和の再興の様子、さらには豊かな台湾や豊かであった奈良時代の森林環境までもが想起されるのである。

ふるさと文化財の森システム推進事業

木造建築を長期にわたって継承していくには定期的な修理が必要であり、その際には部材の取替がおこなわれる。重要文化財などの修理の取替部材は、基本的に取替前と同サイズであるだけではなく、同樹種・同等級の材であることが求められる。それゆえ将来の修理での取替のために、現存する古建築と同規模の材の準備が必要となってくるが、とくに国宝・重要文化財級の木造建築の材料は高品位のものが多く、その育成は容易ではない。

これらの大径長大材や高品位材は市場から得ることは難しく、国産材で東大寺南大門の再建が難しいとされたことは先述のとおりであるが、入手困難な材は巨材に限ったことではない。たとえば、檜皮・茅・苧殻《おがら》などの葺材も同様であり、葺替の頻度は部材の取替のサイクルよりも短い。江戸時代には茅葺の民家の多い集落では、継手《つぎて》・仕口《しぐち》などの加工技術を駆使する軸部の組み上げは大工に依頼しても、葺替は住民の手で集落の共同作業(結《ゆい》)としておこなうことで、持続可能な維持に務めていた。材料供給の面でも共同の茅場を設けることで、地産地消かつ持続可能な維持システムを構築していた。また畳のい草、壁の下地や日用品にも用いる竹、塗料や接着剤として用いる漆も確保すべき対象であるが、年々、減少傾向にある。

これら修理のための材料の確保が困難であると世間に知られるようになったのは、平成一〇年（一九九八）の台風で被害を受けた室生寺五重塔の修理である。室生寺五重塔の屋根修理が檜皮不足で遅れているということが広く知られるようになった。

そこで文化財を支える用具や原材料の確保のための調査が実施され、檜皮以外にも大径長大材の不足がみられ、茅も近隣からの確保が難しくなってきているという実態が明らかになってきたのである。

これに対応すべく、修理のための植物性材料の供給地として平成一八年から「ふるさと文化財の森」という取組みが文化庁によって始まった。単に文化財建造物を現在の修理で未来に継承するだけではなく、将来の文化財の修理にも備えようとするプロジェクトである。建造物修理の技術の継承や技能者の育成は、これまでにも取り組まれてきたが、これに加えて修理用材の供給源である森林も育成することで、さらなる持続可能な修理のサイクルを生み出そうとする試みと位置付けられる。

もちろん、このシステムにも課題はあり、とくに巨木育成に関しては注意が必要である。第一の課題は時間リスクである。すなわち大径木を育成するには数百年単位という長期の展望が必要であるが、その間には木の育成上の問題や災害・環境変化など、不確定要素が大きい。加えて江戸時代に巨材が市場で流通しなかったように、規格外の大きさの木材は市場の需要予測が難しいという問題もある。この点に関しては、技能者の養成による技術継承の観点から、文化財修理を一時期に集中させずに分散させているのと同じく、ある程度の需要のコントロールにより、巨材の生産システムが長期に持続することが望ましい。

第二の課題は木に対する人びとの精神性である。この精神性は文化を育む重要な要素であるが、代々受け継いで巨木に育てたがゆえに、伐採への抵抗感が生まれ、適切な時期に伐採できないという事態も想定される。この点については、木々だけではなく、世代を超えて巨木育成の目的や理念も継承する必要がある。

個別の樹種についていえば、ひとつはケヤキの大径長大材の確保は喫緊の課題であろう。江戸時代に建てられた多くの総欅造の建物が築後四〇〇年を迎えつつあり、修理用材の需要が増えると予想される。需要の増加により、供給が追い付かないという単純な問題ではなく、大径のケヤキは一枚板などの板材としての市場価値が高く、ケヤキを巨材そのままで利用するインセンティブが生じにくいのである。この状況が重なることで、ケヤキも今後、材料確保が困難となる可能性が予測される。

また、寺社林でも修理用材の確保のための育林がなされているが、ここにも課題はある。文化財の修理には国や自治体などからの補助があるとはいえ、所有者の経済的負担は大きい。そのため寺社林など所有者の山林から修理用材を現物供給することで、修理費用の全体が減少するのは確かである。いっぽうで現行の制度では、たとえば所有者が一〇〇〇万円もするような貴重な巨木を提供しても、負担額はそのまま一〇〇〇万円減とはならず、その一部が減少するに過ぎない。詳細は省くが、自身の建物の修理に自前の木を提供しても、財政面での効果は限定的となってしまう。地産地消の観点からは、所有者の山林からの調達は好ましいが、修理に補助金を用いるうえでの制度上の壁も少なからずあるのである。現状でも対応可能な手法としては、たとえば、別の寺社などの修理に必要な巨材を販売することで、所有林を互いに利用する方法は有効であろう。

材料的側面に限らず、技術的側面でも時間軸のハードルは高く、山野から植物性資材を安定的に確保することも重要であるが、この「ふるさと文化財の森」制度では森の管理、資材採取などの技能者の育成も目的としている。育林を含む文化財継承の理念を次世代に伝えることも重要であるが、それを担う技能者も両輪なのである。

こうした材料の生産を含めた木造建築の維持の概念は世界的にも珍しく、誇るべきものであろう。物流が発達した現代にあっては、材料の入手先を海外に広げることも容易になってきているいっぽうで、木造建築にとって生み出された環境や材料の入手範囲も重要な価値の構成要素である。伊勢神宮における将来の式年遷宮の用材確保のための育林事業も、同じ方向性の理念といえよう。そうであるからこそ、森林の自然サイクルを含めた木造建築の継承システムは森と木と建築をつなぐ輪であり、持続可能な真の木の文化の構築につながるのである。

三　おわりにかえて

再利用やリサイクルは3R（Reduce, Reuse, Recycle）のひとつで資源循環の重要な要素であるが、木材の循環性はほかにもある。プラスチック・鉄・レアメタル、そしてナイロンやレーヨンなどの化学繊維。我々の身のまわりの素材の多くはリユース・リサイクル可能ではあっても、石油・鉱石などの資源なくして素材を新たに生み出すことはできない。これに対して木は自然の力と時間によって、新たに再生できる。いわば木は〈再生可能〉マテリアルなのである、環境に配慮し、持続可能な社会を構築しようとする二一世紀にあって、この〈再生可能〉マテリアルである木材はとくに貴重な存在である。

現在の主な木の資源循環の方法には、チップ・ファイバー・ペレットなどがある。チップ化による循環は木材を細かく砕いて、それを高温高圧で煮て繊維を取り出し、木材パルプに再加工し、紙に再生する方法である。木材ファイバーはチップより細かく砕いて、それを再度固めてファイバーボードなどとする方法である。ファイバーボードは細かい木の繊維によって断熱効果や遮音効果が期待できるため、建材となる。また木材ペレットは木くずを粉砕して再度固めたもので、暖炉やストーブの燃料として利用される。歴史的にも廃材の薪利用はみられ、この燃料としての再利用は木材のリサイクルの最終形態のひとつである。

これらは再加工、とくに粉砕によるリサイクルであるが、木材そのものとしての再利用もおこなわれている。家具であれば、アンティークとして珍重されることもあるし、古建築もリノベーションや移築などの形で再利用される。建物そのものの再利用だけではなく、奈良時代以来、各部材も再利用の対象であった。これを支えたのが前近代の人力による木造建築の解体で、部材を破損することなく解体し、使用できる木材は再利用したのである。ただし、この方法では手間がかかるため、重機による解体が普及すると、部材はミンチにされていった。二〇〇〇年の建設リサイクル法の施行によって機械解体だけではなく、手壊し解体の併用も増えたが、前近代の人力による解体ほどの精度ではなく、木材の再資源化もチップ化や熱資源としての利用が主である。

これらの利用に加えて、近年、古建築の部材に価値を見出し、再利用(リユース)される事例も増えている。太い柱・梁・差物などの構造材としての再利用はもちろん、書院の欄間や民家の建具・小屋梁、銘木板、壁板など、古材自体に価値を見出し、それを再利用するのである(図5-5)。

NPO法人古材文化の会(旧古材バンクの会)による活動などは早い事例で、古材をストックし、再利用を可能にした。古材の売買ではマッチングが大きな課題であるが、インターネットによる情報集約により、以前と比べて、古材市場は格段に活性化している。こうした古材に価値を見出した再利用は木の文化を次世代に継承する新たな形式のひとつであろう。

ただし、本書で述べてきたように、歴史的には森林と木材の循環サイクルは十分に機能してこなかった。中世以前には育林がなされず、伐採地を拡大するのみで、森林が再生するサイクルは生じえなかった。ようやく近世に森林がもつ治水効果の発見もあり、保全や輪伐が進められ、一部で育林も始まったことで、森林の保護が志向された(図5-6)。とはいえ、これも山林の保水機能という環境側面にも目を配るものの、為政者や材木商の経済的利権との関係性が主であり、真の持続可能な森林の形成とはなり得ていない。

図5-5　現代住宅における蔵の引き戸の再利用

このように前近代の循環サイクルが不完全であったことは確かであるが、循環に時間の概念を取り込みつつ、利用と育成の均衡を目指した点は木の生物資源としての特性を最大限に取り込んだ方法で、評価できる。いっぽうで森林と木の循環サイクルにおいて、現代にはそれ以前にはなかった問題が生じている。木そのも

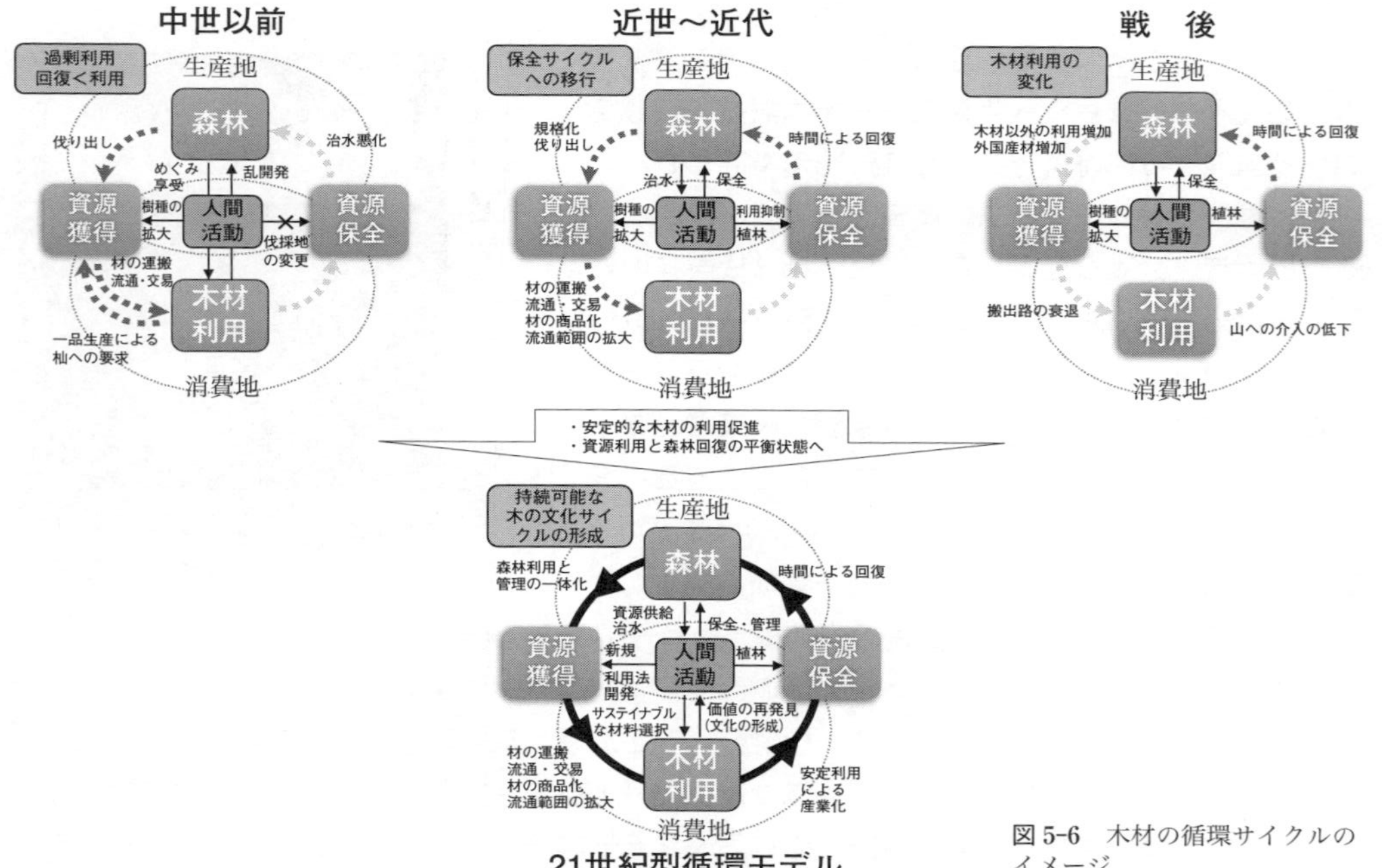

図5-6　木材の循環サイクルのイメージ

の需要の低下である。

産業革命以降、さまざまなモノの素材が木から別の材料に変わっていったが、日本でも戦後、この傾向は加速した。さらに木材に限っても、より安価な外国産材の輸入によって国産材の需要は低下し、国内の林業は厳しい状況に追い込まれた。その結果、国内における生産地から消費地という流れに亀裂が入ったのである。もちろん木の伐採がおこなわれないことで、森林自体も再生するのであるが、森林は下草の除去・枝打ち・間伐をはじめ、一定程度、人間の手が入ることで、利用可能な木々を生み出し、持続可能たりえている。それゆえ、放置された人工林では光が地表まで届かず、光合成によって腐葉土が作られるといった循環サイクルが形成されない。その結果、土地がやせ、土砂災害などのリスクも生じる。当然、管理だけでは経済バランスが成り立たないから、木の利用と管理は表裏一体である。逆にいえば、管理をうながす適度な木の利用も循環サイクルには欠かせないのである。

一見、木の積極的な利用は森林破壊につながると考えがちであるが(割り箸を減らす目的のマイ箸運動などはその代表であろう)、適切な方法で得られた適度な木の利用はむしろ持続可能な森の一役を担うことにつながる。3Rのひとつであるリデュースが必ずしも環境の保全につながるわけではないというのは特殊であるが、木が時間を経ることで再生する生物資源であるがゆえに成立する資源循環サイクルの特徴である。

現代林業や脱炭素社会の課題解決について、論じるすべを筆者は持たないが、現代までの森林と人間の長い歴史の経験を踏まえると、少なくとも木に関しては、過去のモデルを参考に、二一世紀型の循環サイクルがみえてくる。すなわち、戦後において循環サイクルの難点となった木の利用を再興することで、木が真の循環資源となりうる可能性を秘めているのである。

近年、環境負荷に考慮した消費行動が社会的にも認知されるなかで、企業も社会的責任（CSR）として、地球環境の保護に努める動きが加速している。そしてSDGsの観点では、木のCO_2の吸着機能にも目が向けられている。〈再生可能〉マテリアルである木材、とくに国産材の使用は安定的な森林の構築にもつながり、この傾向とも合致する。なかでも管理の過程で生じる間伐材の利用は木の育成を阻害するものではなく、むしろ適度な木材利用も循環サイクルの重要な構成要素の一部に位置付けられる。むろん、培われてきた文化によるところも大きいが、こうした木の利用促進は木に対する親しみがあってこそ、である。この適切な木材利用は新たな時代にふさわしい循環サイクルの解答のひとつで、それが歴史のなかに詰まっているのである。

翻って、物質的側面からみても、二一世紀の社会はこれまでとは大きく異なる新時代の入り口に立っている。産業革命以降、とくに日本では高度経済成長以降、モノは飽和し、人びとは物質的に満たされつつあるが、これは有史以来、極めて特異な状況である。その結果、物質中心主義を脱し、量から質へ、あるいは利便性へと追求の対象は変わってきている。さらに近年は精神的な豊かさへと意識も変化している。もちろん、物質や利便性への欲求が無くなったわけではないが、物質の先にも価値を見出しつつあるのである。誰が、どこで、どのように生産したかというトレーサビリティや環境負荷の程度への意識の高まりなどは身近な例であろう。

木材の質や価値に関していえば、木のぬくもりを求める人びとの心は受け継がれている。これに加えて、樹種・産地や木目に対する独特のこだわりは洗練された木の文化の象徴として、現代日本でも高く評価されている。ここに〈再生可能〉マテリアルという新たな利点も加わることで、木とともに生きる未来がみえてくる。幸いにして日本には比較的、豊かな森林が残っていることに加え、前近代からの木を愛する文化的アドバンテージもある。こうした自然環境・文化的背景の恩恵のもと、木の物質的・精神的価値の再認識を通した木材の適度な利用が木の循環サイクルとかみ合うことで、新しい二一世紀型社会の構築につながることに期待したい。

あとがき

法隆寺金堂や五重塔をはじめ、日本の歴史的建造物の多くは木造である。しかしながら、日本建築を語るうえで「木」そのものが主役になることは少なかろう。もちろん心柱のような巨木は目を引くが、年輪の詰まった長押の糸柾や四方柾の柱のような木取りの稀少性を知る人は少なくなってきているし、ましてや前近代の輸出入木材や森にまで遡る話を聞くことはまずなかろう。そういう意味では本書は「資源・材料からみた建築史」といえるかもしれない。あるいは建築における環境史と位置付けるのが適切であろうか。木は工業製品とは異なり、木そのものに対する人びとの信仰、山から現場までの長い道のり、加工道具、山林の保全など、単なる材料としての枠に収まらない社会的・文化的な背景が詰まっているのである。本書でその一端が示せたのではなかろうか。

さて、私が木を通して日本の伝統的な建物を理解しようと思ったきっかけは二〇〇六年頃のことである。当時、大学院生であった私は文化財建造物の用材に関するプロジェクトに参加することとなった(終章参照)。これは現存する文化財に用いられている大径長大材の数量やサイズを把握し、将来の修理時の需要予測を立てようというものである。このプロジェクトで、戦後の日本の文化財建造物の保存を牽引してきた伊藤延男先生(一九二五―二〇一五、文化功労者)と一緒に仕事をさせていただいた。

当時、伊藤先生は八〇歳を超えていたが、月に一度、大学の一室で、文化財の修理や用材に関する様々なことをじかに教えてくださり、また大学院生の未熟な質問や大胆な仮説にも耳を傾けてくださった。「森と木を繋ぐ」、シンプルであるが、本質的なことに触れる貴重な経験であった。歴史的建造物を単なる美的鑑賞や技術的興味の対象としてではなく、森林での伐木から運搬、建設という一連のプロセスの結実としてとらえる私の視座は、この経験で培われた部分が大きい。

その後、この研究は一段落し、私は奈良文化財研究所に就職したが、古建築の修理や建造物調査の現場などでは常に木やその先にある森、そしてその間をつなぐ運搬を思い描きながら木材と向き合うことができた。とくに法隆寺金堂の昭和修理解体部材を調査する機会にもめぐまれたことで、巨木の加工の痕跡や木取りなど、古代人の技や知恵に直接触れることができた。さらに薬師寺東塔の解体修理では、古代の木の採材方法、規格材、木材管理の方法について、伊藤先生とお話しできたことが懐かしく思われる。また年輪年代学の星野安治らと分野を越えて同じ木に向き合うことで得られた経験も大きい。

思い出話が長くなったが、近年、日本の伝統的な木造建築やその修理方法は国際的にも脚光を浴びている。二〇二〇年には「伝統建築工匠の技　木造建造物を受け継ぐための伝統技術」が無形文化遺産としてユネスコに登録され、これまで注目されてこなかった文化財建造物の修理にも光があたりつつある。加えて、モニュメントの保存という枠を超えて、その継承のための材料確保を目的とした森の育成という概念は世界的にも珍しく、興味を持たれている。木と森をつないだ包括的な概念は文化遺産に新たな風を吹き込んでいると同時に、持続的な木と森の循環サイクル構築という観点は文化遺産にとどまらず、現代社会の抱える課題に通じるテーマなのである。

とはいえ、文化財建造物の修理の歴史に対する一般的な認知度は高くないというのが現状であろう。ましてやその材料というと、知っている方や興味を持たれる方は数少ないかもしれない。ただ、木や森に対する親しみを持つ方は多いであろうし、そもそも日本列島の文化を支えてきた根源のひとつに豊かな木の存在があることについては一定の共通理解が得られよう。そこでまずは森林のめぐみである建造物を中心に、木の歴史を紐解いてみようと試みたのが本書である。法隆寺金堂と薬師寺東塔、日本の二つの名建築の木々をみてきた筆者の経験を活かし、木からみる歴史の一端を伝えられれば幸いである。

木や森林の歴史に関しては、文献史学を中心に、木々の流通や近世以降の林政に関する研究の蓄積があり、執筆にあたって改めて学ぶことも多く、諸分野からの木に対する興味を知ることができた。同時に新たな課題もみえてきた。たとえば本書では基本的に樹種をカタカナ表記としたが、そもそも史料上の樹種と植物分類学上の名称が一致するとは限らない。さらにいえば、現存建築の部材に墨書などで檜と書かれていても、ヒノキではないこともありうる。ここに、過去の人びとの木の樹種に対する意識が読み取れるのである。また日用品を中心とする木製品や民具などに詳しく触れることはできなかったが、これらにも人びとと木との長い歴史が詰まっていよう。そして人と木の長い歴史をみると、両者が共存していくための解決法の糸口がここにみえ、過去を振り返ることが、未来を拓くきっかけともなることを我々に気づかせてくれるのである。近年、着目されている木造ビルも植林・育林・伐採のサイクルのなかで CO_2 の吸収、固定化を期待するもので、類似する方向性であろう。

このように本書は筆者の研究はもちろん、これまでの研究生活で関わった方々との縁によって生み出されたといってもよかろう。本書の執筆にあたり、研究活動を支える下記のプロジェクトの成果を多く含んでおり、記しておきたい。

科学研究費補助金基盤研究B「古代東アジアにおける建築技術体系・技術伝播の解明と日本建築の特質」(研究代表者海野聡)・同「古代における年輪年代学的木材産地推定を可能にする標準年輪曲線ネットワークの整備」(研究代表者星野安治)・同「中世禅院を拠点に流通

した建築の形態・空間・技法に関する学際的・対外交渉史的研究」(研究代表者野村俊一)・科学研究費補助金挑戦的研究(萌芽)「建築メンテナンスの歴史学の構築に関する基礎的研究」(研究代表者海野聡)

さて末筆になったが、刊行にあたっては岩波書店の杉田守康氏に大変お世話になった。企画・構想の段階から応援いただき、新書としてわかりやすくなるよう多くのアドバイスをいただいた。ここに記して感謝を述べたい。

本書を通して、木の良さを再認識する機会とともに、木を育んできた森を含む木の歴史・文化という新たな視野を提供できたなら、望外の幸せである。

二〇二一年晩秋　自宅にて

海野　聡

主要参考文献

有岡利幸『里山Ⅰ』法政大学出版局、二〇〇四年
伊藤平左ヱ門『建築の儀式』彰国社、一九五九年
伊原惠司「中世—近代建築の使用木材とその構成」『普請研究』二六、一九八八年
井上章一『つくられた桂離宮神話』弘文堂、一九八六年
今村義孝『秋田県の歴史』山川出版社、一九六九年
岩佐光晴「創建期長谷寺の十一面観音像に関する覚書」『美学美術史論集』二二、二〇二〇年
上村　武『木と日本人——木の系譜と生かし方』学芸出版社、二〇〇一年
海野　聡「古代日本における倉庫建築の規格と屋根架構」『日本建築学会計画系論文集』六九二、二〇一三年
海野　聡『奈良時代建築の造営体制と維持管理』吉川弘文館、二〇一五年
海野　聡『古建築を復元する——過去と現在の架け橋』吉川弘文館、二〇一七年
海野　聡『建物が語る日本の歴史』吉川弘文館、二〇一八年
榎本　渉「「板渡の墨蹟」と日宋貿易」四日市康博編『モノから見た海域アジア史——モンゴル〜宋元時代のアジアと日本の交流』九州大学出版会、二〇〇八年
大石慎三郎「〝大開発時代〟とその後」『江戸時代』中公新書、一九七七年
大岡　實「鎌倉時代再建の東大寺」『南都七大寺の研究』中央公論美術出版、一九六六年

大崎　晃「木曽山における森林保護と巣山・留山再考――尾張藩の享保林政改革前を中心に」『徳川林政史研究所研究紀要』四一、二〇〇七年
大住克博・湯本貴和編『里と林の環境史』文一総合出版、二〇一一年
太田尚宏「伊勢遷宮用材の伐木・運材事業と山方村々(上)文久二年の湯舟沢村を事例として」『徳川林政史研究所研究紀要』四五号、二〇一一年
太田尚宏「伊勢遷宮用材の伐木・運材事業と山方村々(下)文久二年の湯舟沢村を事例として」『徳川林政史研究所研究紀要』四六、二〇一二年
大野裕典「奈良県 国宝当麻寺西塔――前身塔と古代の當麻寺」『文建協通信』一四二、二〇二〇年
岡田英男「古代建築に使った木」『普請研究』八、一九八四年
岡　元司「南宋期浙東海港都市の停滞と森林環境」『宋代沿海地域社会史研究 ネットワークと地域文化』汲古書院、二〇一二年
沖松信隆「雷下遺跡の概要」『研究連絡誌』七五、千葉県教育振興財団文化財センター、二〇一四年
小椋純一『森と草原の歴史――日本の植生景観はどのように移り変わってきたのか』古今書院、二〇一二年
長内國俊『河村瑞賢――みちのく廻船改革』文芸社、二〇〇七年
小野正敏・五味文彦・萩原三雄編『木材の中世――利用と調達』高志書院、二〇一五年
小畑弘己『タネをまく縄文人――最新科学が覆す農耕の起源』吉川弘文館、二〇一六年
小原二郎『日本人と木の文化――インテリアの源流』朝日新聞社、一九八四年
景山真二・石原聡「島根県大社町出雲大社境内遺跡の発掘調査の成果」『日本考古学』八‐一一、二〇〇一

年
金子啓明・岩佐光晴・能城修一・藤井智之「日本古代における木彫像の樹種と用材観――七・八世紀を中心に」『MUSEUM』五五五、一九九八年
金子啓明・岩佐光晴・能城修一・藤井智之「日本古代における木彫像の樹種と用材観 II――八・九世紀を中心に」『MUSEUM』五八三、二〇〇三年
金子啓明・岩佐光晴・藤井智之・能城修一・安部久『仏像の樹種から考える古代――木彫像の謎』東京美術、二〇一五年
印牧信明「近世前期、越前商人の北奥進出と材木流通――越前新保商人の商業活動と廻船業」『海事史研究』五八、二〇〇一年
木場明志「近世東本願寺造営史研究から見える諸課題――徳川幕府治世下の東本願寺造営」『印度學佛教學研究』五八-一、二〇〇九年
木村政生『神宮御杣山の変遷に関する研究』国書刊行会、二〇〇一年
工藤雄一郎編『縄文時代の人と植物の関係史』国立歴史民俗博物館、二〇一四年
国土緑化推進機構企画・監修『総合年表 日本の森と木と人の歴史』日本林業調査会、一九九七年
栄原永遠男「難波宮の造営と材木の供給」『大阪歴史博物館 研究紀要』一四、二〇一六年
作事記録研究会編『萩藩江戸屋敷作事記録』中央公論美術出版、二〇一三年
佐藤樹里・山本博一・巽登志夫「木造建造物文化財における台湾檜利用に関する研究」『日本森林学会関東森林研究』五九、二〇〇八年
佐藤進一・百瀬今朝雄・笠松宏至編『中世法制史料集第六巻 公家法・公家家法・寺社法』岩波書店、二

〇〇五年
佐藤隆久「東大寺南大門における部材寸法の規格化について——大仏様における部材寸法の規格化に関する研究(その二)」『日本建築学会計画系論文集』五九三、二〇〇五年
佐藤常雄・大石慎三郎『貧農史観を見直す』講談社現代新書、一九九五年
四手井綱英『森林Ⅲ』法政大学出版局、二〇〇〇年
マーク・シュナイダー「中世都市山田の成立と展開——空間構造と住人構成をめぐって」『都市文化研究』一〇、二〇〇八年
正倉院事務所編『正倉院の木工——宮内庁蔵版』日本経済新聞社、一九七八年
白根孝胤「尾張藩御林の管理・利用形態と茸狩」『徳川林政史研究所研究紀要』四三、二〇〇九年
神宮司廳編『神宮御杣山記録』一～四、神宮司廳、一九七四～一九七九年
神宮司廳編『神宮史年表』戎光祥出版、二〇〇五年
鈴木三男『日本人と木の文化』八坂書房、二〇〇二年
須藤　護『木の文化の形成——日本の山野利用と木器の文化』未來社、二〇一〇年
銘木史編集委員会編『銘木史』全国銘木連合会、一九八六年
高橋伸拓「飛驒幕領における植林政策の展開——天保～嘉永期を中心に」『徳川林政史研究所研究紀要』四二、二〇〇八年
高橋伸拓「飛驒幕領における木材資源の枯渇と植林政策——享保～延享期を中心に」『徳川林政史研究所研究紀要』四三、二〇〇九年
竹内　誠「材木豪商・奈良屋茂左衛門考証(上)」『徳川林政史研究所研究紀要』五四、二〇二〇年(『金鯱

叢書――史学美術史論文集』四七、徳川黎明会、二〇二〇年所収)
田鶴寿弥子・杉山淳司「重要文化財願興寺本堂保存修理工事における用材調査第一報」『生存圏研究』一五、二〇一九年
田鶴寿弥子・杉山淳司「重要文化財願興寺本堂保存修理工事における用材調査第二報」『生存圏研究』一六、二〇二〇年
コンラッド・タットマン著、熊崎実訳『日本人はどのように森をつくってきたのか』築地書館、一九九八年
田中淳夫『森と日本人の一五〇〇年』平凡社新書、二〇一四年
田原　昇「近世伊那谷における榑木成村支配の様相――千村平右衛門預所を事例として」『徳川林政史研究所研究紀要』三八、二〇〇四年
田原　昇「山村甚兵衛家による木曽山林支配の様相――御関所御預と植林との関係から」『徳川林政史研究所研究紀要』四一、二〇〇七年
塚本　学「諸国山川掟について」『人文科学論集』一三、信州大学人文学部、一九七九年
筒井迪夫『山と木と日本人――林業事始』朝日新聞社、一九八二年
筒井迪夫『緑と文明の構図』東京大学出版会、一九八五年
鶴岡実枝子「「奈良茂家」考」『史料館研究紀要』八、一九七五年
東京大学大学院工学系研究科建築学専攻建築史研究室編『高龍寺建造物調査報告書』曹洞宗国華山高龍寺、二〇〇九年
徳川林政史研究所編『森林の江戸学――徳川の歴史再発見』東京堂出版、二〇一二年

徳川林政史研究所編『森林の江戸学Ⅱ――徳川の歴史再発見』東京堂出版、二〇一五年
所　三男「林業」地方史研究協議会編『日本産業史大系第一　総論篇』東京大学出版会、一九六一年
所　三男『近世林業史の研究』吉川弘文館、一九八〇年
所三男監修『木曽式伐木運材図会』徳川林政史研究所、一九七七年
中川武監修『数寄屋の森――和風空間の見方・考え方』丸善、一九九五年
中嶋尚志『木の国の物語――日本人は木造り文化をどう伝えてきたか』里文出版、二〇一七年
中嶋尚志『木の国の歴史――縄文から江戸への木の文化を探る』里文出版、二〇一八年
中村琢巳「幕領・飛騨国の民家普請における「家作木」の規制について」『徳川林政史研究所研究紀要』四六、二〇一二年
新潟県教育委員会『新潟県の近世社寺建築――新潟県近世社寺建築緊急調査報告書』新潟県教育委員会、一九八五年
西岡常一『木に学べ――法隆寺・薬師寺の美』小学館文庫、一九八八年
西川静一『森林文化の社会学』ミネルヴァ書房、二〇〇八年
日本塩業大系編集委員会編『日本塩業大系　特論民俗』日本専売公社、一九七七年
平泉隆房「中世伊勢神宮史の諸問題――文治建久年間を中心として」『明治聖徳記念学会紀要』二七、一九九九年
福井県郷土誌懇談会編『日本海海運史の研究』福井県郷土誌懇談会、一九六七年
藤島亥治郎「史上に見る取材と運搬路」『日本建築學會論文集』四〇、一九五〇年
藤田佳久『日本の山村』地人書房、一九八一年

藤田佳久『日本・育成林業地域形成論』古今書院、一九九五年
古田良一『河村瑞賢』吉川弘文館、一九六四年
宮坂光昭『諏訪大社の御柱と年中行事』郷土出版社、一九九二年
宮　次男「長谷寺縁起　上・下」『美術研究』二七五・二七六、一九七一年
森末義彰「中世に於ける長谷寺の炎上とその復興　上・下──特にその十一面観音造像と工匠の問題に就いて」『美術研究』六二・六三、一九三七年
盛本昌広『草と木が語る日本の中世』岩波書店、二〇一二年
山口英男「文献から見た古代牧馬の飼育形態」『日本古代の地域社会と行政機構』吉川弘文館、二〇一九年
山崎　健「藤原宮造営期における動物利用──使役と食を中心として」『文化財論叢Ⅳ』奈良文化財研究所、二〇一二年
ヨアヒム・ラートカウ著、山縣光晶訳『木材と文明』築地書館、二〇一三年
脇野　博「秋田藩林政と森林資源保続の限界」『徳川林政史研究所研究紀要』四三、二〇〇九年
渡辺信夫『日本海運史の研究』清文堂、二〇〇二年
以上のほか、各種建造物の修理工事報告書・調査報告書を適宜、参照した。

版，2012年，216頁図30–1をもとに作成／作図：前田茂実
4–4……瑞龍寺／著者撮影
5–1……東本願寺／著者撮影
5–3……延暦寺／著者撮影
5–4……興福寺

図版出典一覧

0–1, 2–4, 2–10, 3–3, 3–8, 4–5, 5–2, 5–5, 5–6……著者撮影・作成
0–2……稲垣榮三ほか『日本建築史基礎資料集成 1』社殿 1，中央公論美術出版，1998 年，148 頁図 1，150 頁図 5 に加筆．
0–3……出雲大社
1–1……佐伯浩『この木なんの木』海青社，1993 年，16 頁図 1・4 をもとに作成／作図：前田茂実
1–2……『設計の基本とディテール 木のデザイン図鑑 建築・インテリア・家具』エクスナレッジ，2001 年，125 頁．
1–3, 4–6……西川静一『森林文化の社会学』ミネルヴァ書房，2008 年，48 頁図 2–4，30 頁図 1–5 をもとに作成／作図：前田茂実
1–4……内田祥哉編著『建築構法』第 4 版，市ケ谷出版社，2001 年，108–109 頁図 2. 109, 110 をもとに加筆・作成／作図：前田茂実
1–5, 2–5, 3–6, 3–7……国立国会図書館デジタルコレクション
2–1, 4–1……コンラッド・タットマン『日本人はどのように森をつくってきたのか』熊崎実訳，築地書館，1998 年，18 頁図 1，19 頁図 2 をもとに作成／作図：前田茂実
2–2……伝統のディテール研究会編『伝統のディテール ── 日本建築の詳細と技術の変遷』改訂第 2 版，彰国社，2021 年，93 頁図 1 に加筆．
2–3……『古代の官衙遺跡 I』遺構編，奈良文化財研究所，2003 年，157 頁図 6．
2–6……薬師寺／著者撮影
2–7……『秋田県文化財調査報告書第 19 集 胡桃館埋没建物遺跡第 2 次発掘調査概報』秋田県教育委員会，1969 年，44 頁第 28 図．
2–8……箱崎和久「胡桃館遺跡出土の建築部材調査」『奈文研ニュース』No. 29，2008 年，7 頁．
2–9……奈良 長谷寺
3–1……東大寺／著者撮影
3–2……千本釈迦堂大報恩寺編『千本釈迦堂 大報恩寺の美術と歴史』柳原出版，2008 年，98 頁．
3–4……『法隆寺国宝保存工事報告書第 14 冊 国宝法隆寺金堂修理工事報告附図』法隆寺国宝保存委員会，1956 年，35 頁第 36 図，50 頁第 51 図に加筆．
3–5……公益財団法人 文化財建造物保存技術協会／『重要文化財名草神社三重塔保存修理工事報告書』1988 年，52 頁図 7・8．
3–9……曼殊院／『重要文化財曼殊院書院修理工事報告書』京都府教育庁文化財保護課，1953 年，5 頁．
4–2……林野庁中部森林管理局
4–3……徳川林政史研究所編『徳川の歴史再発見 森林の江戸学』東京堂出

海野 聡

1983年，千葉県生まれ．2009年，東京大学大学院工学系研究科建築学専攻博士課程中退．博士(工学)．奈良文化財研究所を経て，
現在―東京大学大学院工学系研究科建築学専攻准教授
専門―日本建築史・文化財保存
著書―『奈良で学ぶ 寺院建築入門』(集英社新書)
『日本建築史講義――木造建築がひもとく技術と社会』(学芸出版社)
『古建築を復元する――過去と現在の架け橋』(吉川弘文館)
『建物が語る日本の歴史』(吉川弘文館)
『奈良時代建築の造営体制と維持管理』(吉川弘文館)

森と木と建築の日本史　岩波新書(新赤版)1926

2022年4月20日　第1刷発行
2023年6月15日　第3刷発行

著 者　海野《うんの》 聡《さとし》

発行者　坂本政謙

発行所　株式会社 岩波書店
〒101-8002 東京都千代田区一ツ橋2-5-5
案内 03-5210-4000　営業部 03-5210-4111
https://www.iwanami.co.jp/

新書編集部 03-5210-4054
https://www.iwanami.co.jp/sin/

印刷・精興社　カバー・半七印刷　製本・中永製本

ISBN 978-4-00-431926-9　Printed in Japan

岩波新書新赤版一〇〇〇点に際して

ひとつの時代が終わったと言われて久しい。だが、その先にいかなる時代を展望するのか、私たちはその輪郭すら描きえていない。二〇世紀から持ち越した課題の多くは、未だ解決の緒を見つけることのできないままであり、二一世紀が新たに招きよせた問題も少なくない。グローバル資本主義の浸透、憎悪の連鎖、暴力の応酬――世界は混沌として深い不安の只中にある。

現代社会においては変化が常態となり、速さと新しさに絶対的な価値が与えられた。消費社会の深化と情報技術の革命は、種々の境界を無くし、人々の生活やコミュニケーションの様式を根底から変容させてきた。ライフスタイルは多様化し、一面では個人の生き方をそれぞれが選びとる時代が始まっている。同時に、新たな格差が生まれ、様々な次元での亀裂や分断が深まっている。社会や歴史に対する意識が揺らぎ、普遍的な理念に対する根本的な懐疑や、現実を変えることへの無力感がひそかに根を張りつつある。そして生きることに誰もが困難を覚える時代が到来している。

しかし、日常生活のそれぞれの場で、自由と民主主義を獲得し実践することを通じて、私たち自身がそうした閉塞を乗り超え、希望の時代の幕開けを告げてゆくことは不可能ではあるまい。そのために、いま求められていること――それは、個と個の間で開かれた対話を積み重ねながら、人間らしく生きることの条件について一人ひとりが粘り強く思考することではないか。その営みの糧となるものが、教養に外ならないと私たちは考える。歴史とは何か、よく生きるとはいかなることか、世界そして人間はどこへ向かうべきなのか――こうした根源的な問いとの格闘が、文化と知の厚みを作り出し、個人と社会を支える基盤としての教養となった。まさにそのような教養への道案内こそ、岩波新書が創刊以来、追求してきたことである。

岩波新書は、日中戦争下の一九三八年一一月に赤版として創刊された。創刊の辞は、道義の精神に則らない日本の行動を憂慮し、批判的精神と良心的行動の欠如を戒めつつ、現代人の現代的教養を刊行の目的とする、と謳っている。以後、青版、黄版、新赤版と装いを改めながら、合計二五〇〇点余りを世に問うてきた。そして、いままた新赤版が一〇〇〇点を迎えたのを機に、人間の理性と良心への信頼を再確認し、それに裏打ちされた文化を培っていく決意を込めて、新しい装丁のもとに再出発したいと思う。一冊一冊から吹き出す新風が一人でも多くの読者の許に届くこと、そして希望ある時代への想像力を豊かにかき立てることを切に願う。

（二〇〇六年四月）

環境・地球

- グリーン・ニューディール　明日香壽川
- 水の未来　沖 大幹
- 異常気象と地球温暖化　鬼頭昭雄
- エネルギーを選びなおす　小澤祥司
- 欧州のエネルギーシフト　脇阪紀行
- グリーン経済最前線　井田徹治・末吉竹二郎
- 低炭素社会のデザイン　西岡秀三
- 環境アセスメントとは何か　原科幸彦
- 生物多様性とは何か　井田徹治
- キリマンジャロの雪が消えていく　石 弘之
- イワシと気候変動　川崎 健
- 森林と人間　石城謙吉
- 世界森林報告　山田 勇
- 地球の水が危ない　高橋 裕
- 地球環境報告 Ⅱ　石 弘之
- 地球温暖化を防ぐ　佐和隆光
- 地球環境問題とは何か　米本昌平
- 地球環境報告　石 弘之
- ゴリラとピグミーの森　伊谷純一郎
- 国土の変貌と水害　高橋 裕
- 水 俣 病　原田正純

情報・メディア

- 実践 自分で調べる技術　宮内泰介
- 生きるための図書館　竹内さとる
- 流言のメディア史　佐藤卓己
- メディア不信 何が問われているのか　林 香里
- グローバル・ジャーナリズム　澤 康臣
- キャスターという仕事　国谷裕子
- 読んじゃいなよ！　高橋源一郎編
- 読書と日本人　津野海太郎
- スポーツアナウンサー 実況の真髄　山本 浩
- 戦争と検閲 石川達三を読み直す　河原理子
- NHK〔新版〕　松田 浩
- 震災と情報　徳田雄洋
- メディアと日本人　橋元良明
- デジタル社会はなぜ生きにくいか　徳田雄洋
- ジャーナリズムの可能性　原 寿雄
- ITリスクの考え方　佐々木良一
- ウェブ社会をどう生きるか　西垣 通
- 報道被害　梓澤和幸
- メディア社会　佐藤卓己
- 現代の戦争報道　門奈直樹
- 未来をつくる図書館　菅谷明子
- 新聞は生き残れるか　◆中馬清福
- インターネット術語集 Ⅱ　矢野直明
- メディア・リテラシー　菅谷明子
- 職業としての編集者　吉野源三郎
- 岩波新書解説総目録 1938-2019　岩波新書編集部編

岩波新書より

日本史

上杉鷹山 「富国安民」の政治	小関悠一郎
藤原定家『明月記』の世界	村井康彦
性からよむ江戸時代	沢山美果子
景観からよむ日本の歴史	金田章裕
律令国家と隋唐文明	大津透
伊勢神宮と斎宮	西宮秀紀
百姓一揆	若尾政希
給食の歴史	藤原辰史
大化改新を考える	吉村武彦
江戸東京の明治維新	横山百合子
戦国大名と分国法	清水克行
東大寺のなりたち	森本公誠
武士の日本史	髙橋昌明
五日市憲法	新井勝紘
後醍醐天皇	兵藤裕己
茶と琉球人	武井弘一
近代日本一五〇年	山本義隆
語る歴史、聞く歴史	大門正克
義経伝説と為朝伝説 日本史の北と南	原田信男
出羽三山 山岳信仰の歴史を歩く	岩鼻通明
日本の歴史を旅する	五味文彦
一茶の相続争い	高橋敏
鏡が語る古代史	岡村秀典
日本の近代とは何であったか	三谷太一郎
戦国と宗教	神田千里
古代出雲を歩く	平野芳英
自由民権運動 〈デモクラシー〉の夢と挫折	松沢裕作
風土記の世界	三浦佑之
京都の歴史を歩く	小林丈広 高木博志 三枝暁子
蘇我氏の古代	吉村武彦
昭和史のかたち	保阪正康
「昭和天皇実録」を読む	原武史
生きて帰ってきた男	小熊英二
遺骨 戦没者三一〇万人の戦後史	栗原俊雄
在日朝鮮人 歴史と現在	水野直樹 文京洙
京都〈千年の都〉の歴史	高橋昌明
唐物の文化史◆	河添房江
小林一茶 時代を詠んだ俳諧師	青木美智男
信長の城	千田嘉博
出雲と大和	村井康彦
女帝の古代日本	吉村武彦
秀吉の朝鮮侵略と民衆	北島万次
コロニアリズムと文化財	荒井信一
特高警察	荻野富士夫
朝鮮人強制連行	外村大
古代国家はいつ成立したか	都出比呂志
渋沢栄一 社会企業家の先駆者	島田昌和
漆の文化史	四柳嘉章
平家の群像 物語から史実へ	高橋昌明
シベリア抑留	栗原俊雄

(2021.10)　◆は品切，電子書籍版あり．(N1)

岩波新書より

アマテラスの誕生　溝口睦子
遣唐使　東野治之
戦艦大和 生還者たちの証言から　栗原俊雄
中世日本の予言書　小峯和明
歴史のなかの天皇◆　吉田孝
沖縄現代史〔新版〕　新崎盛暉
刀狩り　藤木久志
戦後史　中村政則
明治デモクラシー　坂野潤治
環境考古学への招待　松井章
源義経　五味文彦
明治維新と西洋文明　田中彰
奈良の寺　奈良文化財研究所編
西園寺公望　岩井忠熊
日本の軍隊　吉田裕
聖徳太子　吉村武彦
東西／南北考　赤坂憲雄
江戸の見世物　川添裕
日本文化の歴史　尾藤正英

熊野古道◆　小山靖憲
日本の神々　谷川健一
南京事件　笠原十九司
日本社会の歴史 上・中・下　網野善彦
神仏習合　義江彰夫
従軍慰安婦　吉見義明
中世に生きる女たち　脇田晴子
考古学の散歩道　田中琢・佐原真
武家と天皇　今谷明
中世倭人伝　村井章介
琉球王国　高良倉吉
昭和天皇の終戦史　吉田裕
幻の声 NHK広島8月6日　白井久夫
西郷隆盛　猪飼隆明
象徴天皇制への道　中村政則
正倉院　東野治之
軍国美談と教科書　中内敏夫
日中アヘン戦争　江口圭一

青鞜の時代　堀場清子
子どもたちの太平洋戦争　山中恒
江戸名物評判記案内　中野三敏
国防婦人会　藤井忠俊
日本文化史〔第二版〕　家永三郎
平将門の乱　福田豊彦
日本中世の民衆像◆　網野善彦
神々の明治維新　安丸良夫
戒厳令　大江志乃夫
漂海民　羽原又吉
真珠湾・リスボン・東京　森島守人
陰謀・暗殺・軍刀　森島守人
東京大空襲　早乙女勝元
兵役を拒否した日本人　稲垣真美
演歌の明治大正史　添田知道
天保の義民　松好貞夫
太平洋海戦史〔改訂版〕　高木惣吉
太平洋戦争陸戦概史　林三郎
近衛文麿　岡義武

岩波新書より

シリーズ 日本中世史

中世社会のはじまり　五味文彦
鎌倉幕府と朝廷　近藤成一
室町幕府と地方の社会　榎原雅治
分裂から天下統一へ　村井章介

(2021.10)　◆は品切，電子書籍版あり．(N4)